高等职业教育精品系列教材·财务会计类

Excel 财务应用

主　编　费琳琪　范晓娟
副主编　郭红秋　信　钰　刘　莹　孙家能　张俊松
主　审　赵峰松

北京理工大学出版社
BEIJING INSTITUTE OF TECHNOLOGY PRESS

版权专有　侵权必究

图书在版编目（CIP）数据

Excel财务应用 / 费琳琪，范晓娟主编. —北京：北京理工大学出版社，2020.7
（2020.8重印）

ISBN 978-7-5682-8719-7

Ⅰ. ①E… Ⅱ. ①费… ②范… Ⅲ. ①表处理软件 – 应用 – 财务管理 – 高等学校 – 教材 Ⅳ. ①F275-39

中国版本图书馆CIP数据核字（2020）第126284号

出版发行 / 北京理工大学出版社有限责任公司	
社　　址 / 北京市海淀区中关村南大街5号	
邮　　编 / 100081	
电　　话 /（010）68914775（总编室）	
（010）82562903（教材售后服务热线）	
（010）68948351（其他图书服务热线）	
网　　址 / http://www.bitpress.com.cn	
经　　销 / 全国各地新华书店	
印　　刷 / 唐山富达印务有限公司	
开　　本 / 787毫米 × 1092毫米　1/16	
印　　张 / 12.5	责任编辑 / 王俊洁
字　　数 / 267千字	文案编辑 / 王俊洁
版　　次 / 2020年7月第1版　2020年8月第2次印刷	责任校对 / 周瑞红
定　　价 / 39.00元	责任印制 / 施胜娟

图书出现印装质量问题，请拨打售后服务热线，本社负责调换

前　言

　　Excel 是微软公司出品的 Office 系列办公软件中的一个组件，可以实现表格处理、图形分析、数据处理等管理。Excel 功能强大、技术先进、应用方便灵活，被各类企事业单位广泛使用，是目前非常流行的电子表格软件。财务软件虽然提供了强大的数据分析与报表输出功能，但它们无法完全满足企业个性化需求，财务软件是无法替代 Excel 的，无论是刚入职的会计员，还是经验丰富的财务总监，Excel 始终是他们在工作中处理财务数据最得力的助手，Excel 的掌握程度也决定了工作效率的高低。对于应用型财会专业的学生来说，精通 Excel 可以提升个人在职场中的竞争力，为今后的职业发展提供很大帮助，这也是我们编写本书的目的。

　　本书以 Excel 在财务工作中的具体应用为主线、以应用型人才培养目标为出发点、以"学生为主体、能力为本位、就业为导向"为宗旨编写完成。内容丰富，图文并茂，由浅入深，共设有八个模块：模块一介绍了 Excel 的基础知识，模块二到模块八结合大量实例，系统介绍了 Excel 在财务处理中的应用、Excel 在报表编制中的应用、Excel 在工资管理中的应用、Excel 在进销存管理中的应用、Excel 在应收账款管理中的应用、Excel 在固定资产管理中的应用和 Excel 在财务分析中的应用，具有较强的实用性和可操作性。

　　本书具有以下特色：

　　（1）结构鲜明、针对性强。

　　本书涉及的 Excel 技术以财会工作中所需使用的主要技术和操作为主，并非对 Excel 所有功能进行全面介绍，适于职场新手和想提升自身职业技能的应用型高职财会专业的学生学习。

　　（2）简洁直观、浅显易懂。

　　本书没有枯燥的长篇大论，而是通过案例来讲解 Excel 在财务中的应用，让学生在操作的同时学习财务和会计知识，易于上手。

　　（3）图文结合、操作清晰。

　　本书采用图文结合的方式进行讲解，操作步骤配有相对应的插图，学生在学习的过程中能够更加直观、清晰地看到操作过程及效果，增加了内容的可读性。重点操作配有二维码视频可以观看实操，手把手地介绍 Excel 在财务应用的操作步骤。

　　（4）配套练习、实操性强。

　　每个模块后配有对应的实训练习，可以帮助学生巩固所学知识和操作技能。

　　本书既可以作为高职院校财会相关专业的教材，也可以作为财务工作者想提高 Excel 操作水平的参考用书。

本书由辽宁农业职业技术学院、辽东学院、铁岭师范高等专科学校和营口经济技术开发区勤缘会计培训中心合作开发完成。由费琳琪和范晓娟共同担任主编，由郭红秋、信钰、刘莹、孙家能、张俊松担任副主编，项娜、徐艳、徐玉萍、王佩霞、李姣琦、郭悦娥、宫德晅、刘秀林和丛艳华等参与编写，由赵峰松主审。

本书在撰写过程中，参考和借鉴了国内外专家和同行的相关书籍，同时得到了辽宁农业职业技术学院和营口经济技术开发区勤缘会计培训中心领导、老师的大力支持，在此一并表示感谢。

由于编者水平有限，时间仓促，书中如有错误或者不当之处，恳请同行和广大读者给予批评指正，并提出宝贵意见和建议。

编　者

目 录

模块一　Excel 的基础知识 ·· 1
　　任务一　认知 Excel 窗口 ·· 2
　　任务二　工作簿和工作表管理 ·· 4
　　任务三　编辑数据 ·· 14
　　任务四　数据管理与分析 ·· 20
　　任务五　图表 ·· 29
　　任务六　公式与函数 ·· 37

模块二　Excel 在账务处理中的应用 ··· 42
　　任务一　分析背景材料 ·· 43
　　任务二　建账 ·· 48
　　任务三　设置账户 ·· 49
　　任务四　输入期初余额并进行试算平衡 ······································ 52
　　任务五　输入、审核记账凭证及记账 ·· 55
　　任务六　生成总账、试算平衡表 ·· 60
　　任务七　生成各类明细 ·· 63

模块三　Excel 在报表编制中的应用 ··· 73
　　任务一　分析背景材料 ·· 74
　　任务二　建立科目汇总表和科目余额表 ······································ 74
　　任务三　编制资产负债表 ·· 79
　　任务四　编制利润表 ·· 87

模块四　Excel 在工资管理中的应用 ··· 93
　　任务一　分析背景材料 ·· 94
　　任务二　设置工资管理系统基本项目 ·· 98
　　任务三　创建职工工资结算单 ··· 104
　　任务四　制作工资条 ··· 108
　　任务五　创建职工工资汇总表 ··· 110
　　任务六　建立工资费用分配表 ··· 114

模块五　Excel 在进销存管理中的应用 120

- 任务一　分析背景材料 121
- 任务二　输入期初数据 123
- 任务三　采购与付款业务处理 125
- 任务四　销售与收款业务处理 128
- 任务五　库存管理 131

模块六　Excel 在应收账款管理中的应用 137

- 任务一　分析背景材料 138
- 任务二　建立应收账款表并识别到期的应收账款 139
- 任务三　应收账款账龄分析 141

模块七　Excel 在固定资产管理中的应用 150

- 任务一　分析背景材料 151
- 任务二　建立固定资产卡片 153
- 任务三　固定资产的增加与减少 167
- 任务四　制作固定资产折旧费用分配表 168

模块八　Excel 在财务分析中的应用 173

- 任务一　分析背景材料 174
- 任务二　比较分析 178
- 任务三　比率分析 181
- 任务四　趋势分析 185

参考文献 193

模块一

Excel 的基础知识

> **知识目标**
> - 了解 Excel 的工作界面，掌握各工具的功能和使用方法。
> - 了解工作簿、工作表、数据清单、公式和函数的概念。
> - 认识图表的基本样式、掌握数据的基本操作类型和透视表的使用方式。
>
> **能力目标**
> - 学会用 Excel 创建和编辑表格，对数据进行输入、编辑、计算、复制、移动以及设置格式、打印等操作。
> - 掌握 Excel 处理数据和分析数据的功能，可以运用公式和函数处理数据，能对工作表中的数据进行排序、筛选、分类汇总、统计和查询等操作。
> - 能够根据工作表的数据快速生成图表，学会编辑和修改常用图表。
>
> **素质目标**
> - 培养学生自主学习会计信息化新知识、新技术的能力。
> - 培养学生熟练应用 Excel、提高工作技能的责任意识。

任务一　认知 Excel 窗口

　　Excel 是美国微软公司推出的办公软件自动化系列软件 Office 中用于电子表格处理的应用软件，目前在数据处理方面有着广泛的应用。

　　Excel 的基本功能是创建和编辑电子表格。电子表格是若干行和若干列构成的二维表格。在 Excel 中，可以方便地创建工作表，输入和编辑工作表中的数据，对数据进行各种操作，对表格进行各种格式设置；在 Excel 中，可以利用工作表中的数据，方便地生成各种图表，通过图表可以直观形象地将工作表中的数据表示出来，而这就是 Excel 提供的一个十分实用的功能——数据图表化功能。Excel 还提供了强大的数据管理功能，在 Excel 中，可以方便地对工作表中的数据进行排序、筛选、分类汇总和数据透视等操作，从而实现数据的管理与分析，并获取需要的信息。

一、Excel 的启动与退出

1. Excel 的启动

Excel 的启动有三种方法：

方法一：利用桌面上的快捷方式启动 Excel，双击其快捷图标，就可启动该程序。

1. Excel 的启动与退出

方法二：单击桌面左下角的"开始"按钮图标，在弹出的开始菜单中单击"所有程序"，在弹出的菜单中单击"Microsoft Office"，此时折叠的 Microsoft Office 会展开，单击"Microsoft Office Excel"，就可启动 Excel。

方法三：用鼠标右键单击桌面的空白处，在弹出的快捷菜单中选择"新建""Microsoft Excel 工作表"，然后双击新生成的图标，即可启动 Excel。

2. Excel 的退出

当用户不再使用 Excel 时，可以退出该应用程序，退出一个程序也有多种方法，常用的退出 Excel 的方法有以下四种：

方法一：在 Excel 窗口中，直接单击右上角的" X "图标。

方法二：在 Excel 窗口中，切换到"文件"选项卡，然后选择"退出"命令。

方法三：在 Excel 窗口中，直接单击左上角的图标" X "，选择"关闭"。

方法四：在 Excel 窗口中，按下"Alt+F4"组合件，可关闭当前文档。

二、Excel 的窗口界面

随着版本的升级，Excel 的界面变化很大，界面功能有了很大的提高。目前流行的版本其界面基本上由以下几个部分组成：标题栏、快速访问工具栏、文件按钮、功能区、编辑栏、状态栏、工作区、视图控制区等，如图 1-1 所示。下面对其中一些工作窗口做详细介绍。

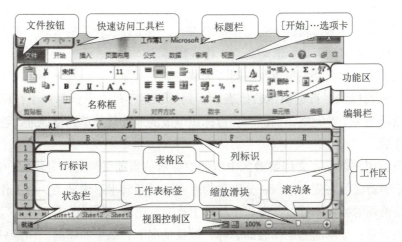

图 1-1

1. 标题栏

标题栏显示了当前文档打开的名称和类型，在右边还提供了三个按钮：最小化、最大化（还原）和关闭按钮，借助这些按钮可以快速地执行相应的功能。

2. 快速访问工具栏

在快速访问工具栏中，用户可以实现保存、撤销、恢复、打印预览和快速打印等功能。快速访问工具栏中的项目可以由用户根据自己的需要添加某些项目或删除某些项目。

3. 文件按钮

单击文件按钮弹出的下拉列表中包含保存、另存为、打开、关闭、信息、最近所用文件、新建、打印、保存并发送、帮助、选项和退出等菜单选项。

4. 功能区

功能区能帮助用户快速找到完成某一任务所需的命令，命令被组织在组中，组集中在选项卡中。用户选择不同的功能选项卡，则会在功能区中显示出具体的按钮和命令。

为了让文档编辑区更大，可以让功能区只在需要的时候再显示。功能区无法删除，可以双击"开始""插入"等选项卡的名字，就可以隐藏功能区，再次双击，就显示功能区。

5. 编辑栏

在默认的情况下，编辑栏位于功能区的下面。编辑栏是用来显示活动单元格所在的位置、数据以及输入、编辑单元格数据的地方。编辑栏右侧为编辑区，当在单元格中输入内容时，除了在单元格中显示内容外，还在编辑区显示该内容。如果要改动或删除单元格中的内容，可以把光标移动到编辑区，在编辑区中进行修改或删除，当在编辑区修改完毕后，单元格便自动显示修改后的内容。

6. 状态栏

状态栏位于工作簿窗口的最底部，用来显示窗口当前有关的状态信息。

7. 工作区

工作区（即工作簿编辑区）是用户用来输入、编辑以及查阅的区域，工作区主要包括表格区、行标识、列标识、滚动条和工作表标签。

表格区：用来输入、编辑以及查阅的区域。

行标识和列标识：行标识用数值表示，列标识用字母表示，每一个行标识和列标识的交叉点就是一个单元格，列标识和行标识组成的地址就是单元格地址，注意字母在前，数值在后。

滚动条：用来调整在文档编辑区中所能够显示的当前文件的部分内容。Excel 中的滚动条位于编辑区的右侧和下侧，分别称为垂直滚动条和水平滚动条。在工作表窗口中单击滚动条两端的按钮，可以在窗口中移动工作表、浏览工作表的内容。

工作表标签：显示的是工作表的名称，默认情况下，每个新建的工作簿只有三个工作表，单击工作表标签就可切换到相应的工作表。

8. 视图控制区

主要用于在不同编辑视图之间进行切换。通过该区域可对文档编辑区内容的显示比例进行调整。

功能区的各个组会根据窗口大小自动调整显示或隐藏按钮，经常使用功能区的用户，建议将窗口调整成水平长条形。

任务二　工作簿和工作表管理

在 Excel 中，工作表是一个由行和列组成的表格，工作簿是工作表的集合，工作簿是存储并处理数据、数据运算公式、数据格式等信息的文件。用户在 Excel 中处理的各种数据最终都以工作簿文件的形式存储在磁盘上，其扩展名为 .xlsx，文件名就是工作簿名。工作表是用来存储和处理数据的最主要的文档，所有对数据进行的操作都是在工作表上进行的。工作表是不能单独存盘的，只有工作簿才能以文件的形式存盘。每一个工作簿都可以包括多张工作表，因此，可以在一个工作簿中管理各种类型的相关信息。工作表名称显示于工作簿窗口底部的工作表标签上。

Excel 软件向下兼容，为了能够在低版本的 Excel 上打开文件，可以将文件类型存储为 "Microsoft Excel 97-2003 文件（*.xls）"。

一、工作簿管理

1. 新建工作簿

新建工作簿有多种方式，启动 Excel 后，系统会自动新建一个空白工作簿，除此之外，还可以通过其他方法新建工作簿。

方法一：通过已启动的工作簿的"文件"按钮新建工作簿，具体操作如下：

（1）单击"文件"按钮，在弹出的下拉菜单中单击"新建"菜单项。

（2）在弹出的"新建工作簿"任务窗格中选择"空白工作簿"后，单击"创建"即可。

方法二：利用快速访问工具栏新建工作簿。

（1）单击快速访问工具栏中的下箭头按钮，在弹出的下拉菜单中单击"新建"菜单项，即可将"新建"命令添加到快速访问工具栏。

（2）单击快速访问工具栏的"新建"按钮，即可新建一个空白工作簿。

方法三：利用"Ctrl+N"组合键也可以新建一个空白工作簿。

2. 保存工作簿

对工作簿创建和编辑操作后，需要对工作簿进行保存，当再次打开工作簿时，数据才不会丢失。保存三要素：保存位置、保存名字和保存类型。记住保存的位置和名字才能在下次使用时准确找到文件。

方法一：保存新建的工作簿。

（1）单击"文件"按钮，在弹出的下拉菜单中单击"保存"菜单项。

（2）在弹出的"另存为"对话框中，设置好保存三要素后，单击"确定"即可。

方法二：保存已有的工作簿。

保存已有的工作簿的操作很简单，单击"文件"按钮，然后从弹出的下拉菜单中选择"保存"菜单项，或者单击快速访问工具栏中的"保存"按钮即可。此操作使文件保存三要素不变，只是将工作簿的内容更新到最后的操作状态。

方法三：将工作簿另存。

有时用户对打开的工作簿加以修改，但是原来的工作簿想保留不变，改后的工作簿可以另存一个工作簿，这时就可以使用"另存为"对话框，"另存为"对话框和单击"保存"操作的对话框为同一个，此时用户需要注意，既然想生成新的工作簿，就不可以在保存三要素完全不变的状态下保存，至少有一个要素要发生变化，比如名字不想变，你可以选择另外的位置加以保存，又如想在同一位置下保存，可将名字重新定义一个。

为了避免在操作的过程中因为意外断电引起数据丢失，用户可以设置工作簿的自动保存，具体操作如下：

（1）单击"文件"按钮，在弹出的下拉菜单中单击"选项"菜单项。

（2）在弹出的"Excel 选项"对话框中，单击"保存"选项卡，在右侧设置好"保存自动恢复信息时间间隔"，单击"确定"即可。

有些用户保存的文件不想被别人打开或修改，可以设置打开或修改权限，具体操作如下：

（1）保存时，在未单击"保存"前，单击"工具"按钮，选择"常规选项"。

（2）在弹出的"常规选项"对话框中，设置"打开权限密码"和"修改权限密码"后，单击"确定"即可。

3. 打开工作簿

当用户需要查看或修改已经创建的工作簿时，就需要打开它，打开工作簿一般用以下两种方法：

方法一：双击文件图标。

找到文件所在的位置，双击需要打开的工作簿图标，即可打开指定的工作簿。

方法二：在Excel的"文件"菜单中打开。

（1）单击"文件"按钮，在弹出的下拉菜单中单击"打开"菜单项。

（2）在弹出的"Excel选项"对话框中，单击"打开"对话框，找到文件，单击文件后，单击"确定"即可。也可双击文件直接打开。

Excel允许同时打开多个工作簿，可以在不关闭当前工作簿的情况下打开其他工作簿；可以在不同工作簿之间进行切换，同时对多个工作簿进行操作。

4. 保护工作簿

打开"审阅"选项卡，在"窗口"功能区单击"保护工作簿"图标，为工作簿设置密码，进行保护。

二、工作表管理

工作表的基本操作主要包括插入工作表、删除工作表、移动和复制工作表等。

1. 插入工作表

如果用户需要的工作表的数目超过Excel默认提供的3个，用户可以直接在工作簿中插入更多数目的工作表供自己使用，具体操作如下：

2. 工作表管理

（1）在需要插入工作表的工作表标签上右键单击，在弹出的菜单上单击"插入"。

（2）在弹出的"插入"对话框"常用"选项卡里，单击"工作表"，单击"确定"即可。也可双击"工作表"。

2. 删除工作表

如果工作簿中有多余的工作表，则可以将其删除。删除工作表的具体操作如下：

（1）在需要删除的工作表标签上右键单击，在弹出的菜单上单击"删除"。

（2）此时即可将选择的工作表删除。

3. 移动和复制工作表

在工作簿内可以随意移动工作表、调整工作表的次序，甚至还可以在不同的工作簿间直接进行移动，将一个工作簿中的工作表移到另一个工作簿中去。

第一种：在同一个工作簿下移动和复制工作表，具体操作如下：

（1）在需要移动的工作表Sheet1上按下左键，此时在表的左上方出现一个倒置的三角标志。

（2）移动鼠标，当倒置的三角标志到达你想移动工作表的位置时松开左键，此时工作表移动成功。

在上述操作中，当按下鼠标左键后，在键盘上同时按下"Ctrl"键，直至鼠标移动到你想要工作表出现的位置时松开左键，此时工作表复制成功。

第二种：不同工作簿下移动和复制工作表，如将工作簿1中的Sheet1工作表移动到工作簿2中的Sheet1工作表前，具体操作如下：

（1）打开工作簿1和工作簿2，在工作簿1的工作表Sheet1上方单击右键，在弹出的快捷菜单上单击"移动或复制"菜单项。

（2）在弹出的"移动或复制工作表"对话框中，设置"工作簿"为"工作簿2"，"下列选定工作表之前"选择"Sheet1"。单击"确定"即可移动成功。

如果选择"建立副本"，则为不同工作簿之间复制工作表，否则为不同工作簿之间移动工作表。

4. 命名工作表

在工作簿默认的工作表的名字分别为"Sheet1""Sheet2""Sheet3"，新插入的为"Sheet4""Sheet5"……这种命名方式对用户来说并不直观，为了便于用户管理和使用，可以对工作表重新命名，具体操作有如下两种方法：

方法一：在需要重命名的工作表标签上双击，此时标签名字处于可修改状态，改好名字后，按下"Enter"键即可。

方法二：使用"重命名"快捷菜单，具体操作如下：

（1）在工作表标签Sheet1上方单击右键，在弹出的快捷菜单上单击"重命名"菜单项。

（2）此时Sheet1为选中状态，直接输入新的名字后，按下"Enter"键即可。

5. 工作表数量设置

如果用户在使用工作簿时经常需要插入工作表，用户可以通过设置新建工作簿时默认所包含工作表的数量来实现，具体操作如下：

（1）单击"文件"按钮，然后在下拉菜单中选择"选项"菜单项，弹出"Excel选项"对话框。

（2）单击"常规"选项卡，在"包含的工作表数"里设置用户需要启动时默认的工作表数量，单击"确定"即可。

6. 显示、隐藏工作表

为了操作方便，用户可以将不用的工作表隐藏起来，当需要的时候再将其显示出来。

1）隐藏工作表的具体操作如下：

（1）在需要隐藏的工作表标签上单击鼠标右键，然后在弹出的快捷菜单上单击"隐藏"菜单项。

（2）此时工作表Sheet1为隐藏状态。

2）显示工作表的具体操作如下：

（1）在任意一个工作表标签上单击鼠标右键，然后在弹出的快捷菜单上单击"取消隐藏"菜单项。

（2）此时弹出"取消隐藏"对话框，选中要取消隐藏的工作表 Sheet1 后，单击"确定"按钮，工作表 Sheet1 自动显示出来。

7. 给工作表标签添加颜色

给工作表标签添加颜色的步骤如下：

（1）用鼠标右键单击想要改变颜色的工作表标签。

（2）从弹出的快捷菜单中选择"工作表标签颜色"命令。

（3）打开主题颜色面板，选择颜色后，即可为工作表标签添加上颜色。

三、编辑工作表

1. 选定工作区域

Excel 在编辑工作表或执行命令之前，首先要选择相应的单元格或者单元格区域。不连续选择单元格、行或列时，单击选择的单元格、行标或列标后，按住"Ctrl"键，再单击其他选区即可，连续选择单元格、行或列的方法与其相似，只是按的键为"Shift"。

3. 编辑工作表

2. 插入与删除单元格

选择想要插入与删除的单元格，单击右键，选择"插入"可以插入一个单元格，选择"删除"，可以删除一个单元格，也可以通过"开始"选项卡下"单元格"分组里的"插入"里的"插入单元格"命令来完成。

3. 插入与删除行和列

选定想要插入的行或列，在其行标或列标标号上单击鼠标右键，可以在该行的前面或该列的左边插入一行或一列。

选定想要删除的行或列，在其行标或列标标号上单击鼠标右键，可以删除该行或该列。

4. 合并单元格

选定区域，通过"开始"选项卡下"对齐方式"分组里的"合并后居中"按钮完成。或者选定区域后，单击鼠标右键，选择"设置单元格格式"，打开"设置单元格格式"对话框，选择"对齐"中的"合并单元格"来合并单元格。如图 1-2 所示。

四、美化工作表

1. 设置数据格式与对齐方式

（1）选中表格中需要设置的单元格后，单击鼠标右键，在弹出的快捷菜单中选择"设置单元格格式"选项。

（2）在此对话框的"对齐"选项卡中，可改变数据在水平和垂直方向上的对齐方式。如图 1-3 所示。

图 1-2

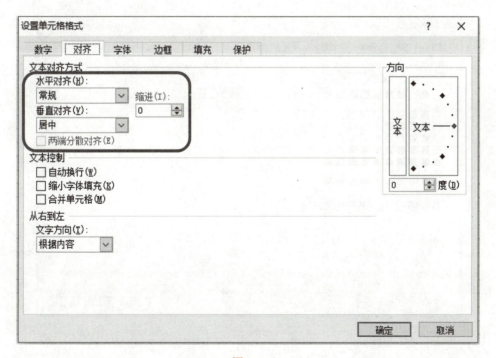

图 1-3

2. 设置边框和底纹

选中表格中需要设置的单元格后,单击鼠标右键,在弹出的快捷菜单中选择"设置单元格格式"选项,在对话框中的"边框"和"填充"里,即可设置表格的边框和底纹,如图 1-4 和图 1-5 所示。

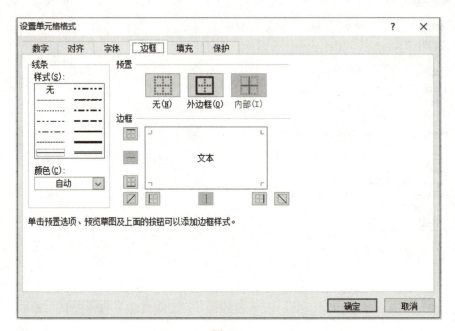

图 1-4

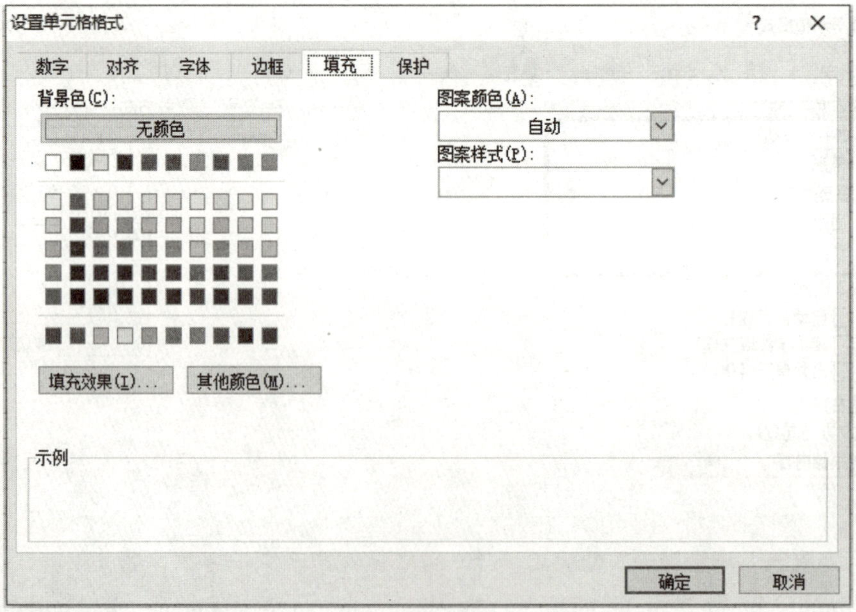

图 1-5

3. 使用四种套用格式美化工作表

可以选择"开始"选项卡下"样式"分组里的"套用表格格式"命令完成。

4. 设置列宽和行高

设置列宽和行高的方法有 3 种。

方法一：将鼠标光标放在两列列标或者两行行标的分界线上，出现拖拽标识时按下左键拖拽调整列宽或行高。

方法二：用鼠标右键单击列标或行标标签，在弹出的快捷菜单中选择"列宽"或"行高"并设置数值。

方法三：选择"开始"选项卡下"单元格"分组中的"格式"命令，选择"列宽"或"行高"并调整其数值。

五、打印工作表

打印工作表是使用电子表格的一个关键步骤，也是一项日常工作，工作表创建好后，为了提高或留存阅览方便，经常需要把它打印出来，操作步骤一般是先进行页面设置，再进行打印预览，最后打印输出。

1. 设置打印区域和分页

1）选择要打印区域的方法。

通过拖拽鼠标光标来选择要打印的区域，单击"页面布局"选项卡下"页面设置"分组里的"打印区域"按钮，再单击"设置打印区域"命令，选定区域的边框上出现虚线，表示打印区域已设置好，打印时只有被选定区域中的数据才能被打印。

2）分页的方法。

当工作表较大时，Excel 一般会自动为工作表分页，如果用户不满意这种分页方式，可以根据自己的需要对工作表进行人工分页。

分页包括水平分页和垂直分页。

（1）水平分页的操作步骤如下：

单击要另起一页的起始行行号，单击"页面布局"选项卡下的"页面设置"分组里的"分隔符"按钮，选择"插入分页符"命令，在起始行上出现一条水平虚线，表示分页成功。

（2）垂直分页的操作步骤如下：

单击另起一页的起始列列标或选择该列最上端的单元格，分页成功后，在该列左边出现一条垂直分页虚线。如果选择的不是最左或最上的单元格，插入分页符，将在单元格上方和左侧各产生一条分页虚线。

3）删除分页符。

可选择分页虚线的下一行或右一列的任一单元格，单击"页面布局"选项卡下"页面设置"分组里的"分隔符"按钮，选择"删除分页符"命令；也可以选中整个工作表或选中任一单元格，然后选择"分隔符"按钮下的"重设所有分页符"命令，即可删除工作表中的所有人工分页符。

分页后单击状态栏右侧"视图切换"按钮中的"分页预览"按钮，可进入分页预览视图。单击"普通"按钮，可以结束分页预览，回到普通视图中。

2. 设置页面

Excel 具有默认页面设置功能，因此用户可以直接打印工作表。如有特殊要求，使用页面设置可以设置工作表的打印方向、缩放比例、纸张大小、页边距、页眉页脚等，单击"页面布局"选项卡下的"页面设置"分组右侧的按钮，可以打开"页面设置"对话框，如图1-6所示，该对话框共有4个选项卡：页面、页边距、页眉/页脚和工作表。

图 1-6

（1）"页面"选项卡。可以设置纸张方向、缩放比例、纸张类型、打印质量、起始页码等选项。

（2）"页边距"选项卡。可以设置页眉页脚的上下边距离，设置版心距离上下左右四个边距的距离。如图1-7所示。

（3）"页眉/页脚"选项卡。如果设置页眉和页脚，可单击"页眉"和"页脚"的下拉列表，选择内置的页眉和页脚格式，也可以分别单击"自定义页眉""自定义页脚"按钮，在相应的对话框中自行定义。设置好后，单击"确定"按钮即可。如图1-8所示。

（4）"工作表"选项卡。如图1-9所示。

打印区域：若不设置，则打印当前整个工作表；如需设置，则单击"打印区域"右侧的折叠按钮，在工作表中拖拽选定打印区域后，再单击"打印区域"右侧的折叠按钮，返回对话框，单击"确定"按钮。

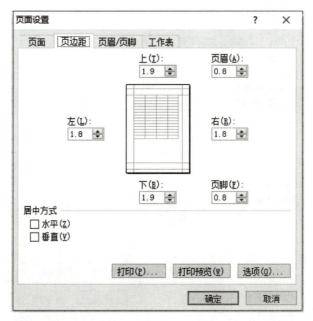

图 1-7

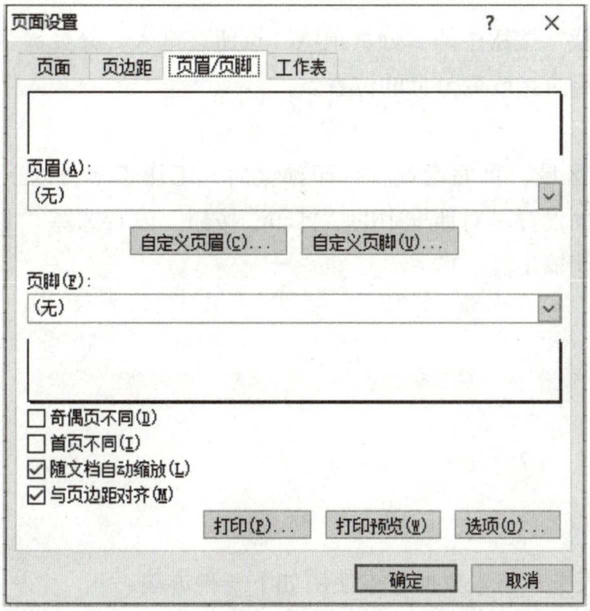

图 1-8

打印标题：如果要使每一页上都重复打印列标志，单击图 1-9 的"顶端标题行"编辑框，然后输入列标志所在的行号；如果要使每一页上都重复打印行标志，则单击"左端标题列"编辑框，然后输入行标志所在的列的列标。

每页都打印行号和列标：选中图 1-9 中的"行号列标"复选框即可。

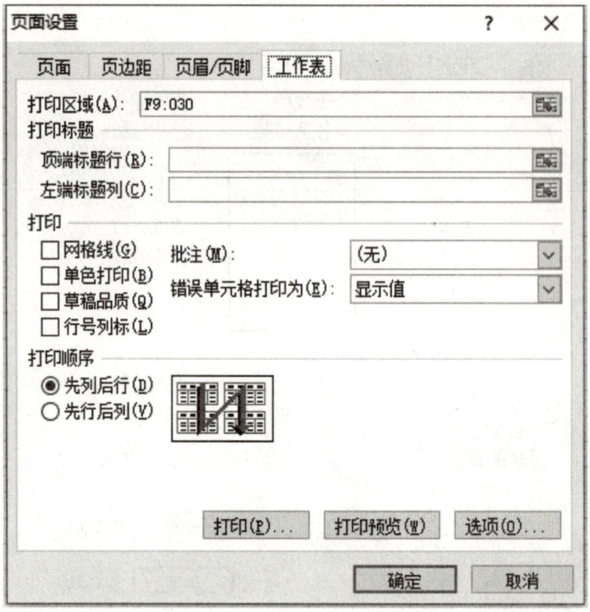

图 1-9

3. 打印预览

单击"视图切换"按钮中的"分页预览"按钮,进入"分页预览"视图,用鼠标光标拖拽分页虚线,可直接改变分页的位置。

4. 打印输出

经过设置打印区域、页面设置、打印预览后,工作表就可以正式打印了。打印方法如下:选择"页面设置"对话框中的"打印"按钮,或者选择"文件"菜单下的"打印"命令,即可打印输出。

任务三 编辑数据

一、输入数据

在 Excel 工作表中,输入数据基本使用如下三种方法:

方法一:单击目标单元格,直接录入信息。

方法二:双击目标单元格,出现插入点后,录入信息,这种方法比较适合单元格已有信息,对局部信息进行修改。

4. 输入数据

方法三:单击或者双击目标单元格后,在编辑栏中输入或修改信息。

输入的数据包括文本、数值、百分比、货币、邮编等。为了在 Excel 中得到不同类型的数据,必须对数据进行相关设置。例如,在会计工作中要创建工资表,如表 1-1 所示。

表 1-1　工资表

姓名	编号	日期	基本工资	出勤天数	满勤奖	实发工资	备注
姚壮	001	2017年6月10日	￥3 100	30	￥500		优秀
张宁	002	2017年6月10日	￥3 100	25	￥0		优秀
付旸	003	2017年6月10日	￥3 200	30	￥500		优秀
曹阳	004	2017年6月10日	￥3 000	30	￥500		优秀
赵毅	005	2017年6月10日	￥3 300	30	￥500		优秀
张楠	006	2017年6月10日	￥4 000	30	￥500		☆

制表时间 13：45

1. 输入文本

在工作表中输入文本非常简单，既可以直接在单元格中输入，也可以在编辑栏中输入。

1）在单元格中输入，具体操作如下：

（1）单击单元格"A1"，切换到一种合适的汉字输入法，然后输入"姓名"，如图 1-10 所示。

（2）输入完毕后，按下"Enter"键即可，效果如图 1-11 所示。

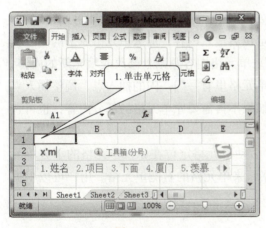

图 1-10　　　　　　　　　　图 1-11

2）在编辑栏中输入，具体操作如下：

（1）单击单元格"B1"，再将光标定位到编辑栏中，切换到一种合适的汉字输入法，然后输入"编号"，如图 1-12 所示。

（2）输入完毕后，按下"Enter"键即可，效果如图 1-13 所示。

按照同样的方法，输入工资表中的其他文本内容。输入文本完毕的效果如图 1-14 所示。

图 1-12

图 1-13

	A	B	C	D	E	F	G	H
1	姓名	编号	日期	基本工资	出勤天数	满勤奖	实发工资	备注
2	姚壮							
3	张宁							
4	付旸							
5	曹阳							
6	赵毅							
7	张楠							
8							制表时间：	

图 1-14

　　一般在单元格首次输入文本时，只要单击单元格就选中了单元格，即单元格定位。如果单元格本来有内容，我们依旧在单元格定位后输入内容，那么单元格原来的内容就会被新输入的内容完全替换掉。如果想在原来单元格内容基础上修改或填充新的内容，就要双击单元格，即单元格内容定位，此时单元格里有一闪一闪的插入点，调整插入点的位置，就可以确定填写新增内容的位置，如果不再需要原单元格的部分内容，也可选中部分内容进行删除处理。

　　输入内容完毕，如果按下"Enter"键，活动单元格定位在原来单元格的下方单元格，如果按下"Tab"键，活动单元格定位在原来单元格的右侧单元格。用户可以根据自己的需要选择"Enter"键还是"Tab"键。

2. 输入时间和日期

　　用户在输入日期和时间时，可以直接输入一般的日期和时间格式，也可以通过设置单元格格式输入多种不同类型的日期和时间格式。

　　1）如果要在单元格中输入时间，可以以时间格式直接输入，如输入"8：05：00"。在 Excel 中，系统默认的是按 24 小时制输入。如果要按照 12 小时制输入，就需要在时间后面加上"AM"或"PM"字样，表示上午或下午。具体时间格式设置如下：

　　（1）选中单元格，单击"设置单元格格式：数字"右侧的折叠按钮，如图 1-15 所示，此时弹出"设置单元格格式"对话框。

（2）在"数字"选项卡里，单击"分类"中的"时间"后，选择好时间"类型"，单击"确定"即可，如图1-16所示。

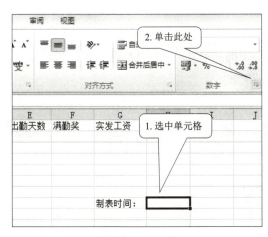

图 1-15

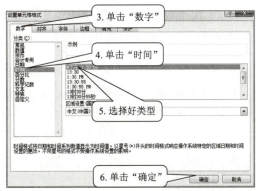

图 1-16

2）输入日期的方法为：在年、月、日之间用"/"或者"-"隔开，如果想输入"2017年8月8日"，用户可以在单元格中输入"2017/8/8"或者"2017-8-8"后，按下"Enter"键即可。但是无论用这两种方法的哪一种，系统默认设置的日期显示方式都为"2017/8/8"。输入日期后如何设置日期显示的格式呢？具体操作如下：

（1）选中单元格，单击"设置单元格格式：数字"右侧的折叠按钮，弹出"设置单元格格式"对话框，如图1-17所示。

（2）在"数字"选项卡里，单击"分类"中的"日期"后，选择好日期"类型"，单击"确定"即可，如图1-18所示。

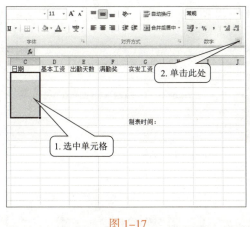

图 1-17

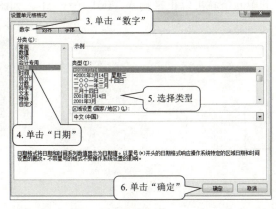

图 1-18

在Excel里，一些常规的数值，用户用常规的方式就能输入，可以在选中单元格后直接输入；一些特殊的数值，如货币（￥3 000）、序号、电话号码、身份证号码（001……）、分数（1/4），等等，就需要特殊的方法。

3. 输入货币

1）工资表中货币的输入设置，具体操作如下：

（1）输入数值后选中单元格，单击"设置单元格格式：数字"右侧的折叠按钮，弹出"设置单元格格式"对话框，如图1-19所示。

（2）在"数字"选项卡里，单击"分类"中的"货币"后，设置"小数位数"，选择"货币符号"，单击"确定"即可，如图1-20所示。

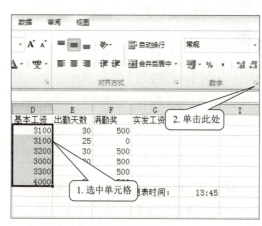

图1-19

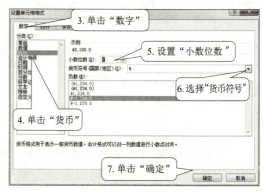

图1-20

4. 输入编号

序号、电话号码、身份证的输入方式一样，以工资表中的"编号"为例，具体操作如下：

（1）选中单元格，单击"设置单元格格式：数字"右侧的折叠按钮，弹出"设置单元格格式"对话框，如图1-21所示。

（2）在"数字"选项卡里，单击"分类"中的"文本"，单击"确定"后，在对应的单元格就可以正常输入"001……"了，如图1-22所示。

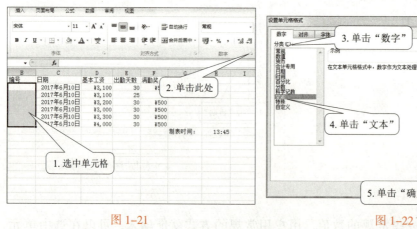

图1-21

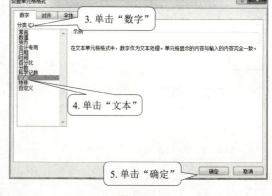

图1-22

除了用上述方法，用户还可以采用直接输入的方式。如果用户直接输入"001"，Excel会把它识别成数据，自动转换为"1"，此时用户只需输入"'001"，Excel将自动将其转换为文本"001"。注意单引号要在英文状态下输入。

5. 输入分数

具体操作如下：

默认情况下，在 Excel 中不能直接输入分数，系统会将其显示为日期，例如输入"3/5"，将显示为"3月5日"，如果要在单元格中输入分数，需要在分数前加上一个"0"和一个空格。

二、编辑数据

1. 修改数据

可以双击需要修改的目标单元格后直接修改，也可以双击需要修改的目标单元格后，再单击编辑栏，在编辑栏里进行修改。

2. 删除数据

删除数据包括三种情况。

5. 编辑数据

（1）仅删除内容。单击单元格后，单击"Delete"键即可实现，如果删除的单元格中局部有内容，可以双击单元格，再局部选中后，单击"Delete"键。

（2）删除内容和单元格的格式。首先单击目标单元格，然后选择"开始"选项卡下"编辑"分组里的"清除"命令即可。

（3）删除内容连同内容所在的单元格。首先单击目标单元格，然后选择"开始"选项卡下"单元格"分组里的"删除"命令即可。

3. 复制和移动数据

从 Excel 中复制来的内容可以选择性粘贴。一个单元格包含了多种特性，如内容、格式、公式、批注等。操作方式如下：选中单元格复制内容后，单击目标单元格，再单击"开始"选项卡下"剪贴板"分组里的"粘贴"下方的倒置三角，从中选择"选择性粘贴"，此时会出现"选择性粘贴"对话框，如图 1-23 所示，选择相应选项后，单击"确定"即可。

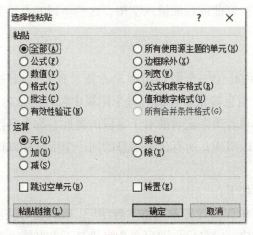

图 1-23

任务四　数据管理与分析

一、创建数据清单

数据清单即常说的表格，它由一行文字作为数据类型的表头标志。在标志下是连续的数据区域。数据清单的第一行必须是文本类型，为相应列的名称。用户只是执行了数据库的命令，Excel命令会自动将数据清单默认为一个数据库，注意：一个数据库中不可以有空白的行或列，空白的行或列意味着把一个数据库分为多个数据库。数据清单中的列是数据库中的字段，数据清单中的列标志是数据库中的字段名，数据清单中的一行则是对应数据库中的一条记录。

1. 创建数据清单应遵循的原则

（1）一个数据清单最好占用一个工作表。

（2）数据清单是一片连续的数据区域，不允许出现空行和空列。

（3）每一列包含相同类型的数据。

（4）将关键数据置于清单的顶部或底部，避免将关键数据放到数据清单的左右两侧，因为这些数据在筛选数据记录时可能被隐藏。

（5）显示行和列。在修改数据清单之前，要确保隐藏的行和列已经显示出来，如果清单中的行和列没有显示出来，那么数据有可能被删除。

（6）使用带格式的列标。在输入列标前，将单元格设置为文本格式。对于列标，要使用与清单中数据不同的字体、对齐方式、格式、填充色等。

（7）使清单独立。在工作表的数据清单与其他数据间至少应留出一个空行或者一个空列。这样才是一个独立的数据库。在执行排序、筛选和自动汇总等操作时，这将有利于用Excel检测和选定数据清单。

（8）不要在单元格内容前或后面输入空格，这些不好的习惯会影响数据库的排序和查找等操作。

2. 创建数据清单

在Excel里，数据库作为一个数据清单来看待，我们可以理解数据清单就是数据库。在这个数据库中，信息按记录存储。每个记录中包含信息内容的各项，称为字段，一般数据库的第一行体现着每条记录的对于字段的属性，称为字段名。每一条客户信息就是一条记录，它由字段组成。所有记录信息的同一个字段存放相似的信息。

1）创建字段名。

创建字段名的步骤如下：

选定某行的第1个单元格设置单元格"数字"，格式为"文本"；在此单元格中输入该字段的字段名，创建字段名后，即可在个字段名下方直接输入数据。

2）输入数据记录。

在输入数据时，除了可以直接在数据清单中输入数据外，还可以使用"记录单"命令来输入或追加数据。Excel2010 以后的版本不再提倡使用"记录单"命令，所以想使用"记录单"命令，需要提前设置显示"记录单"命令。

方法如下：

单击"文件"选项卡里的"选项"，在"选项"对话框里选择"自定义功能区"，在"从下列位置选择命令"复选框里选择"不在功能区的命令"后，在下方找到"记录单"后单击选中，再单击对话框中间位置的按钮"添加"后"确定"，此时在 Excel 的快捷工具栏中就出现了"记录单"快捷按钮。使用"记录单"快捷按钮可以减少在行与列之间的不断切换，从而提高输入的速度和准确性。

3）设置数据有效性。

要为数据有效性设置数值和参数，操作步骤如下：

（1）选定要设置数据有效性的单元格，注意不要选择字段名。

（2）选择"数据"选项卡下"数据工具"分组里的"数据有效性"命令，在弹出的浮动面板里选择"数据有效性"。

（3）在"数据有效性"对话框里有四个选项卡：设置、输入信息、出错警告和输入法模式。单击"设置"选项卡，如图 1-24 所示。

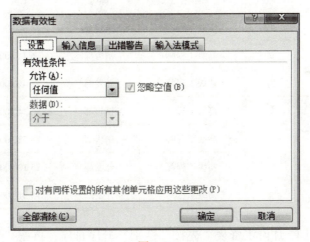

图 1-24

（4）从"允许"下拉列表中选择一个需要设置的有效属性，然后在"数据"里设置对应的有效范围，单击"确定"即可。如果想设置输入错误信息后的提示对话框，可以单击"出错警告"设置，如果想设置数据有效性区域提示浮动面板，在"输入信息"选项卡里进行设置。

3. 删除或编辑记录

删除记录的步骤如下：

选择数据清单中的任意一个单元格；选择"快速访问工具栏"中"记录单"按钮；

在打开的对话框中，单击"上一条"或者"下一条"按钮来查找所删除的记录，也可以用对话框中间的滚动条移动到要删除的记录，然后单击"删除"按钮将其删除。

编辑记录通常指的是对数据进行修改。在"记录单"命令中编辑记录的具体操作步骤和删除记录基本差不多一致，只是在找到所要修改的记录后，直接在相应的文本框里进行编辑修改，然后按回车即可。如果要增加一条记录，将面板中间的滚动条滑到最下面，此时左侧的文本框全部为空，输入新的记录后按回车即可。

二、数据排序和筛选

1. 排序

排序是将数据库中的记录按着一定顺序进行排放。其中，数字是按照数字本身大小进行排序，文字默认按着汉字拼音字母的先后顺序进行排序，也可以设置按笔画顺序进行排序，并且可以将相同内容的记录排在一起，从而达到分类的目的。

6. 数据排序和筛选

例如，金星公司 12 月份工资表如表 1-2 所示，Excel 默认人民币单位为"元"。

表 1-2　金星公司 12 月份工资表

工号	姓名	性别	职称	部门	工资	奖金
00001	刘亮	男	中级工程师	销售部	¥8 600.00	¥2 100.00
00002	牛红	女	高级工程师	销售部	¥6 410.00	¥1 500.00
00003	刘海	男	初级工程师	开发部	¥5 420.00	¥1 120.00
00004	赵丽	女	高级工程师	销售部	¥6 340.00	¥1 620.00
00005	柳峰	男	高级工程师	销售部	¥6 520.00	¥1 650.00
00006	杨帆	男	初级工程师	开发部	¥5 120.00	¥1 190.00
00007	岳娟	女	初级工程师	开发部	¥5 310.00	¥1 200.00

将"金星公司 12 月份工资表"先按"性别"升序排序，再按"奖金"降序排序，具体方法如下：

（1）在数据区域内单击任意一个单元格。

（2）单击"开始"选项卡，选择"编辑"组中"排序和筛选"按钮，在弹出的下拉菜单中选择"自定义排序"按钮，打开"排序"对话框。

（3）在"排序"对话框中的"主要关键字"列下拉列表中选择"性别"，在"次序"下拉列表中选择"升序"按钮。

（4）单击"添加条件"，然后在下面"次要关键字"列下拉列表中选择"奖金"，在次序下拉列表中选择"降序"按钮，如图 1-25 所示。

图 1-25

（5）单击"确定"按钮，出现如图 1-26 所示的排列效果。

金星公司12月份工资表						
工号	姓名	性别	职称	部门	工资	奖金
1	刘亮	男	中级工程师	销售部	¥8,600.00	¥2,100.00
5	柳峰	男	高级工程师	销售部	¥6,520.00	¥1,650.00
6	杨帆	男	初级工程师	开发部	¥5,120.00	¥1,190.00
3	刘海	男	初级工程师	开发部	¥5,420.00	¥1,120.00
4	赵丽	女	高级工程师	销售部	¥6,340.00	¥1,620.00
2	牛红	女	高级工程师	销售部	¥6,410.00	¥1,500.00
7	岳娟	女	初级工程师	开发部	¥5,310.00	¥1,200.00

图 1-26

在"排序"对话框中如果选中"数据包含标题"单选按钮，则表示在排序时保留记录的字段名称行，字段名称行不参与排序。如果未选中"数据包含标题"单选按钮，则表示在排序时删除字段名称行，字段名称行中的数据也参与排序。

2. 筛选

筛选是指为工作表中的数据指定某些特定的条件，使工作表中只显示满足条件的数据记录，其他不符合条件的数据记录全部隐藏起来。

Excel 2010 提供了两个筛选命令：用于简单条件的"自动筛选"和用于复杂条件的"高级筛选"。与排序不同，筛选并不重排记录，只是暂时隐藏不必显示的行（记录）。

1）自动筛选。

图 1-27 为望海学院教师工资表。

	A	B	C	D	E	F	G	H
1	望海学院教师工资表							
2	姓名	性别	学历	职称	岗位工资	薪级工资	补贴	总工资
3	鑫鑫	男	研究生	讲师	3200	3100	400	6700
4	赵美林	女	博士	讲师	3200	2800	500	6500
5	张德山	男	研究生	副教授	3500	2800	450	6750
6	魏丽红	女	研究生	副教授	3500	3000	430	6930
7	邱明宇	女	研究生	副教授	3500	3000	400	6900
8	张雨桐	男	研究生	教授	4000	3100	400	7500
9	韩宇阳	男	博士	教授	4000	3100	500	7600

图 1-27

在望海学院教师工资表中筛选出"岗位工资"为 3 200 的记录,就可以按以下步骤筛选数据:

(1)在望海学院教师工资表中单击任意一个单元格。

(2)切换到"数据"选项卡,在"排序和筛选"组中单击"筛选"按钮,此时在每个字段的右侧会显示一个下拉按钮"▼"。

(3)单击"岗位工资"右侧的下拉按钮,在弹出的下拉列表框中选择"数字筛选",再在右侧的列表中选择"自定义筛选",将弹出"自定义自动筛选方式"对话框。

(4)在该对话框中设置筛选条件,在对话框左边的下拉列表框中选择"等于",在右边的列表框中输入"3 200",如图 1-28 所示。

图 1-28

(5)单击"确定"按钮,筛选完毕。筛选结果如图 1-29 所示,只显示了"岗位工资"为 3 200 的记录,而隐藏了其他数据行。

图 1-29

自动筛选功能也能设置多项筛选条件,比如不仅要筛选"岗位工资"为 3 200 的记录,而且要筛选"性别"为男的记录,可以在图 1-29 所示的"岗位工资"为 3 200 的记录中再单击"性别"单元格右侧的下拉按钮,进行相应设置即可。

在筛选后的数据表中用户可以发现,使用了自动筛选的字段,其字段名右边的下三角箭头变成了" ",而且行号也呈现为黄色。

2)高级筛选。

如果需要进行筛选的数据列表中的字段比较多,筛选条件又比较复杂,则使用自动筛选就显得非常麻烦,此时使用高级筛选将可以非常简单地对数据进行筛选。

使用高级筛选时,必须先建立一个条件区域,输入筛选字段名称,并在其下方输入筛选条件,然后打开"高级筛选"对话框,设置筛选条件。高级筛选可以和自动筛选一样对数据列表进行数据筛选，但与自动筛选不同的是，使用高级筛选将不显示字段名的下拉列表，而是在区域下方单独的条件区域中键入筛选的条件，条件区域允许设置复杂的条件筛选。需要注意的是，条件区域和数据列表不能连接在一起，必须用一条空记录将其隔开。对于比较复杂的数据筛选，使用高级筛选可以大大提高工作效率。

例如，在望海学院教师工资表中筛选出性别为男，岗位工资大于等于 3 000，总工资大于 7 000 的记录，其操作步骤如下：

（1）在条件区域中输入列标志和进行筛选的条件，如图 1-30 所示。

	A	B	C	D	E	F	G	H
1	望海学院教师工资表							
2	姓名	性别	学历	职称	岗位工资	薪级工资	补贴	总工资
3	鑫鑫	男	研究生	讲师	3200	3100	400	6700
4	赵美林	女	博士	讲师	3200	2800	500	6500
5	张德山	男	研究生	副教授	3500	2800	450	6750
6	魏丽红	女	研究生	副教授	3500	3000	430	6930
7	邱明宇	女	研究生	副教授	3500	3000	400	6900
8	张雨桐	男	研究生	教授	4000	3100	400	7500
9	韩宇阳	男	博士	教授	4000	3100	500	7600
10								
11								
12			性别	岗位工资	总工资			
13			男	>=3000	>7000			

图 1-30

（2）选择数据区域内任意一个单元格。切换至“数据”选项卡，单击“排序和筛选”组中的“高级”按钮，打开“高级筛选”对话框。如图 1-31 所示。

图 1-31

（3）默认选择“在原有区域显示筛选结果”单选按钮，表示在原区域上进行筛选，且 Excel 自动选择工作表中的列表区域，用户无须设置“列表区域”。

（4）单击“条件区域”右侧的“跳转”按钮，切换至工作表，选择前面输入的筛选条件所有单元格“$C$12: $E$13”。

（5）单击“确定”按钮，即可在原区域中显示出筛选结果，如图 1-32 所示。

	A	B	C	D	E	F	G	H
1	望海学院教师工资表							
2	姓名	性别	学历	职称	岗位工资	薪级工资	补贴	总工资
8	张雨桐	男	研究生	教授	4000	3100	400	7500
9	韩宇阳	男	博士	教授	4000	3100	500	7600
10								
11								
12			性别	岗位工资	总工资			
13			男	>=3000	>7000			

图 1-32

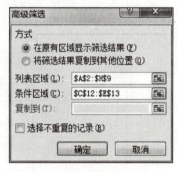

三、数据分类汇总

1. 创建分类汇总

分类汇总是对数据列表进行数据分析的一种方法。分类汇总对数据列表中指定的字段进行分类，然后统计同一类记录的有关信息。利用自动分类汇总可实现一组或多组数据的分类汇总、求和，还可以求平均值、最大值、最小值，计数，求标准偏差及总计方差等。

7. 数据分类汇总

在进行分类汇总前先确定两点：一是进行分类汇总的列已经排好序；二是工作表中的各列都包含列标题。

例如，对望海学院教师工资表以职称为单位求总工资的平均值，操作步骤如下：

（1）选择“职称”字段的任意单元格，切换到“数字”选项卡，单击“排序和筛选”组中的“升序”按钮，将“职称”字段按“升序”排列好。

（2）选中数据区域内的任意一个单元格。

（3）单击“分级显示”组中的“分类汇总”按钮，弹出“分类汇总”对话框。在“分类字段”中选择“职称”，在“汇总方式”中选择“平均值”，在“选定汇总项”中选择“总工资”。如图 1–33 所示。

（4）单击“确定”按钮，分类汇总完毕，结果如图 1–34 所示。

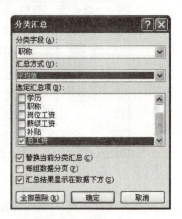

图 1–33

	A	B	C	D	E	F	G	H
1	望海学院教师工资表							
2	姓名	性别	学历	职称	岗位工资	薪级工资	补贴	总工资
3	张德山	男	研究生	副教授	3500	2800	450	6750
4	魏丽红	女	研究生	副教授	3500	3000	430	6930
5	邱明宇	女	研究生	副教授	3500	3000	400	6900
6				副教授 平均值				6860
7	鑫鑫	男	研究生	讲师	3200	3100	400	6700
8	赵美林	女	博士	讲师	3200	2800	500	6500
9				讲师 平均值				6600
10	张雨桐	男	研究生	教授	4000	3100	400	7500
11	韩宇阳	男	博士	教授	4000	3100	500	7600
12				教授 平均值				7550
13				总计平均值				6982.857

图 1–34

提示：在分类汇总时，要进行分类汇总的数据列表必须有字段名，即每一列的数据都要有列标题，同类型的数据要连续，Excel 根据列标题及连续的数据类型来创建数据组并计算总和。

2. 删除分类汇总

对数据清单进行了分类汇总，如果不满意，可以对分类汇总进行删除，切记不可以简单单击删除键进行删除，那样只能删除文本，并不能删除分类汇总。具体操作如下：

（1）在数据清单中任意单击一个单元格。

（2）单击"分类汇总"命令，在弹出的"分类汇总"对话框中单击"全部删除"按钮即可。

四、数据透视表

数据透视表是一种对大量数据快速汇总和建立交互列表的交互动态表格，是 Excel 中的数据分析利器，数据透视表的主要用途是从数据库的大量数据中生成动态的数据报告，对数据进行分类汇总和聚合，帮助用户分析组织数据。还可以对记录数据较多、结构复杂的工作表进行筛选、排序、分组和有条件地设置格式、显示数据规律。

8. 数据透视表

例如，某公司 2020 年加班补贴费报表，如图 1-35 所示。

职工号	姓名	年龄	职称		性别
100020	张多	40	中	级工	男
100021	赵择	38	中	级工	男
100022	王亭	31	初	级工	女
100023	李丽	30	初	级工	女
100024	齐敏	25	中	级工	女
100025	张萍	28	中	级工	女
100026	孙天	30	中	级工	男
100027	周鹰	28	中	级工	男
100028	吴名	25	初	级工	男
100029	郑浩	40	初	级工	男
100030	钱国	38	初	级工	男
100031	韩梅	31	初	级工	女

图 1-35

利用图 1-35 中的数据创建数据透视表的步骤如下：

（1）把活动单元格确定在数据列表任意一单元格，单击"插入"选项卡下"表格"分组里的"数据透视表"——"创建数据透视表"，此时出现"创建数据透视表"对话框，如图 1-36 所示。如果活动单元格没有确定在数据列表任意一单元格，此时需要在"表/区域"中进行选区的设置，选区为所有字段名及所有记录，然后单击"确定"。

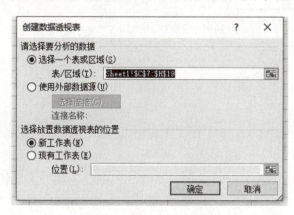

图 1-36

（2）完成透视表创建过程后，自动在当前工作表标签左侧添加新工作表标签，同时显示"数据透视表"工具栏。

在新工作表中，左上角提供了新表格重组的设置区，右上角提供了"数据透视表字段列表"区。如图1-37所示。

图 1-37

（3）此时，可以通过拖拽的方式，根据自己透视的需求，将"选择要添加到报表的字段"中所列的字段，分别拖拽到"报表筛选""列标签""行标签"和"数值"中，如图1-38所示。

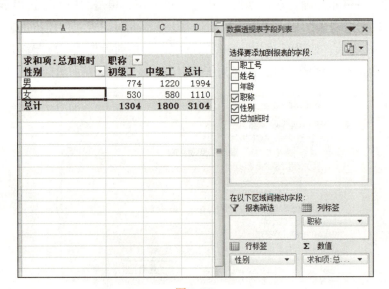

图 1-38

任务五 图　　表

一、认识图表

1. 图表的组成结构

图表也称为数据表，是以图形的方式显示 Excel 工作表中的数据，可直观地体现工作表中各数据间的关系。由于图表是以工作表中的数据为基础创建的，如果更改了数据表中的数据，则图表也会相应地更改。

要学习使用图表，首先要了解图表的组成结构，图表是由图表区、绘图区、图例、坐标轴（分类轴、数据轴）、图表标题、数据系列以及网格线组成的，如图 1-39 所示。

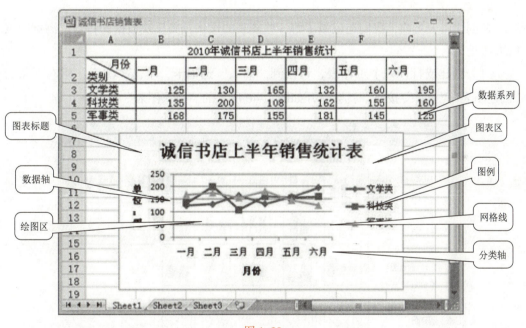

图 1-39

在图 1-39 所示的折线图表中，各组成部分的功能如下：

（1）图表区：它是整个图表的背景区域，包括了所有的数据信息以及图表辅助的说明信息。

（2）绘图区：它是图表呈现的主体，是图表中最重要的组成部分，它根据用户设定的图表类型显示工作表中的数据信息。

（3）图例：是用来表示图表中各个数据系列的名称或者分类而指定的图案和颜色。

（4）坐标轴：坐标轴一般分为水平坐标轴和垂直坐标轴。水平坐标轴通常用于显示数据类别，也称为分类轴或 X 轴；垂直坐标轴通常用于显示数据，也称为数据轴或 Y 轴。在三维图表中，还包含了一条与水平、垂直坐标轴垂直的轴线，被称为 Z 轴。

（5）图表标题：图表标题分为两类：图表主标题和坐标轴标题。默认情况下，图表主标题一般位于绘图区顶端的中心位置，而水平坐标轴标题位于水平坐标轴的下方，垂直坐标轴标题位于垂直坐标轴的左侧，如图 1–39 中 Y 轴左侧的"单位：册"，X 轴下方的"月份"。

（6）数据系列：绘制在图表中的一组相关数据点就是一个数据系列。图表中的每一个数据系列都具有特定的颜色或图案，并在图表的图例中进行描述。

（7）网格线：网格线是图表中为了查看数据方便而添加的辅助线条。一般情况下，只显示主要水平网格。根据方向的不同可将网格线分为水平网格线和垂直网格线；根据辅助关系的不同可将网格线分为主要网格线和次要网格线。

2. 浏览图表的方法

在创建图表之前，我们还应该了解一些图表的形状及其反映数据的特点。浏览图表的方法是：

（1）创建或打开一个工作表，切换到"插入"选项卡，单击"图表"组右下角的"创建图表" " "按钮，就会打开如图 1–40 所示的"插入图表"对话框。

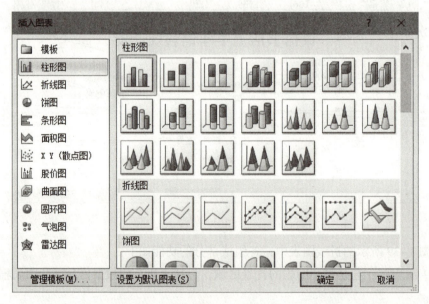

图 1–40

（2）在左边选择图表类型，对话框右边的窗口就会显示该图表子类型的各种形状，供用户浏览和选择。

3. 图表的形状与反映数据的特点

（1）柱形图：用来表示一段时间内数据的变化或者各项之间的比较。柱形图通常用来强调数据随时间变化而变化。

（2）折线图：用来显示等间隔数据的变化趋势。主要用于显示产量、销售额或股票市场随时间变化的趋势。

（3）饼图：用于显示数据系列中每一项占该系列数值总和的比例关系。当需要知道某项占总数的百分比时，可使用该类图表。

（4）条形图：用来显示不连续的且无关的对象的差别情况，这种图表类型淡化数值随时间的变化而变化的情况，能突出数值的比较。

（5）面积图：用于强调数值随时间而变化的程度，也可用于引起人们对总体趋势的注意。

（6）散点图：用于显示几个数据系列中数据间的关系，常用于分析科学数据。

我们可以根据数据的特点和具体使用环境来决定使用哪种图表，下面介绍图表的创建方法。

二、创建与调整图表

为数据表格创建图表有两种方法：一是通过“图表”组创建图表；二是通过对话框创建图表。

1. 通过“图表”组创建图表

通过“图表”组创建图表的方法比较简单，下面以诚信书店销售表为例，创建簇状柱形图，其具体操作步骤如下：

（1）创建一张空工作表，输入如图 1–41 所示的数据，选中 A2：G5 区域作为图表数据源。

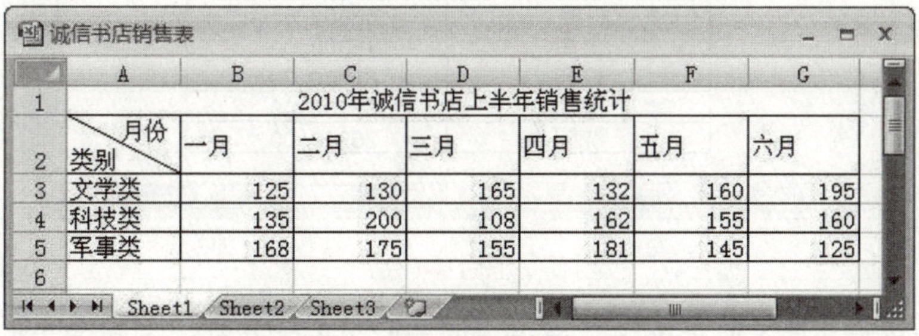

	A	B	C	D	E	F	G
1	2010年诚信书店上半年销售统计						
2	月份 类别	一月	二月	三月	四月	五月	六月
3	文学类	125	130	165	132	160	195
4	科技类	135	200	108	162	155	160
5	军事类	168	175	155	181	145	125
6							

图 1–41

（2）切换到“插入”选项卡，在“图表”组中单击“柱形图”按钮，在弹出的下拉列表“二维柱形图”选项组中选择“簇状柱形图”选项，如图 1–42 所示。

（3）返回工作表中，即可看到刚插入的簇状柱形图的效果，如图 1–43 所示。

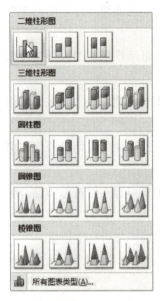

图 1–42

	A	B	C	D	E	F	G
1	2010年诚信书店上半年销售统计						
2	月份 类别	一月	二月	三月	四月	五月	六月
3	文学类	125	130	165	132	160	195
4	科技类	135	200	108	162	155	160
5	军事类	168	175	155	181	145	125

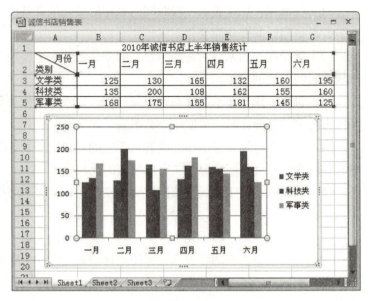

图 1–43

2. 通过对话框创建图表

通过对话框创建图表比通过“图表”组创建图表要复杂些，下面以图 1–44 所示业绩统计表为例，创建簇状柱形图，其具体操作步骤如下：

（1）创建一张空工作表，输入如下数据，如图 1–44 所示。

	A	B	C	D
1		业绩统计表		
2		地区	第一季度（¥）	
3		北京	58600.00	
4		上海	45300.00	
5		广州	31500.00	
6		深圳	39800.00	
7		沈阳	26900.00	
8				

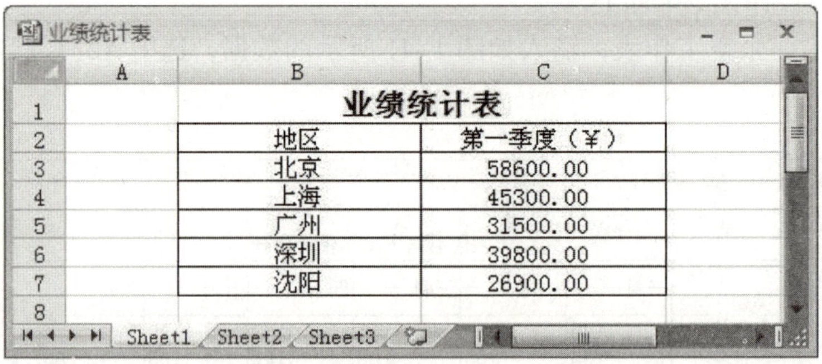

图 1–44

（2）切换到“插入”选项卡，单击“图表”组右下角的“创建图表”“ ”按钮，在打开的“插入图表”对话框中选择“饼图”中的“分离型三维饼图”，单击“确定”按钮，再单击“图表工具”面板里的“选择数据”，出现如图 1–45 所示效果图。

模块一　Excel 的基础知识

图 1-45

3. 调整图表

创建好的图表如果位置和大小不合适，可以进行相应调整，直到满意为止。

如果要在当前工作表内移动图表，可先单击图表区，当鼠标光标变成"🔓"形状时，按住鼠标左键不放，此时鼠标光标变成"✥"形状，拖动鼠标到适当位置，释放鼠标即可，拖放后的效果如图 1-46 所示。

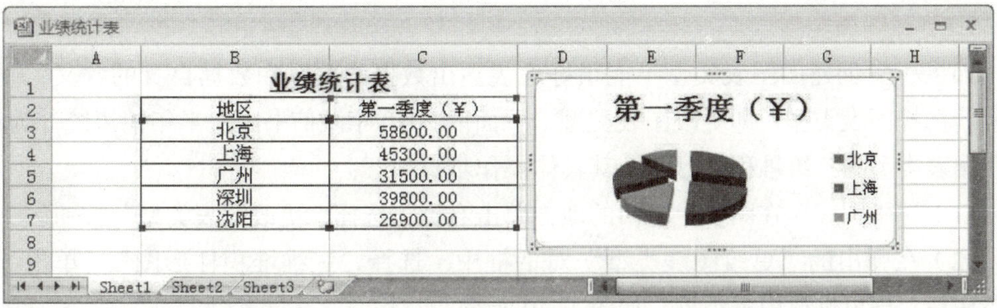

图 1-46

如果要将图表移动到另一个工作表中，可在图表上空白的地方单击右键，选择"移动图表"，将弹出如图 1-47 所示的"移动图表"对话框，从中选择图表的新位置，单击"确定"按钮，结果如图 1-48 所示。

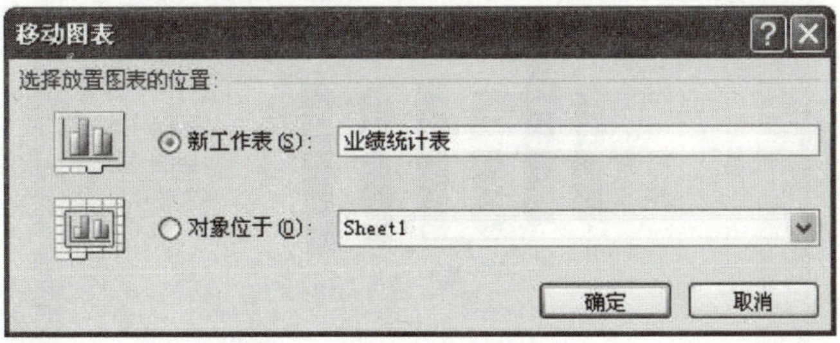

图 1-47

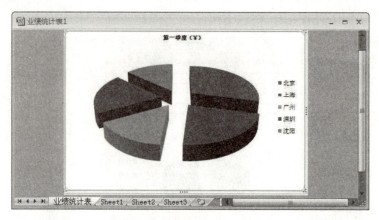

图 1-48

如果要改变图表的大小，则可以单击选中要调整的图表，这时图表区的边框出现叫作调整柄的 8 个控点，鼠标按住任意一个角的控点，此时鼠标指针变成"+"形状，拖动鼠标，即可调整图表的大小。

三、编辑图表

图表创建完成后，可以对其进行编辑。编辑图表包括更改图表位置和大小、更改图表类型、修改图表数据、添加图表标题，等等。下面简单介绍其中几种：

1. 更改图表类型

如果感觉创建的图表类型不能很好地表达出数据的关系和数据自身的含义，则可以重新选择图表类型，即更改图表类型，下面以 2010 年诚信书店上半年销售统计为例，更改图表类型为三维堆积柱形图，其具体操作步骤如下：

（1）选中图表，在图表上空白的地方单击右键，选择"更改图表类型"按钮。

（2）在弹出的"更改图表类型"对话框中，选择"三维堆积柱形图"，单击"确定"按钮，即可修改图表类型，如图 1-49 所示。

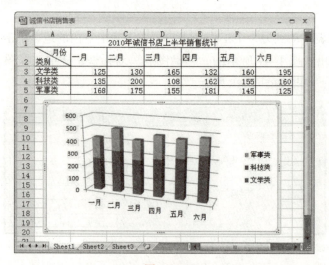

图 1-49

2. 添加图表标题

在创建图表时，图表中并没有显示图表标题和坐标轴标题，为了更好地让图表显示数据信息，可以为图表设置标题。下面以诚信书店上半年销售统计表为例，为图表添加标题"诚信书店上半年销售统计表"，横坐标轴标题"月份"、纵坐标轴标题"数量"。其具体操作步骤如下：

（1）选中图表，切换到"布局"选项卡，单击"标签"组中的"图表标题"下拉列表中"图表上方"选项，返回工作表，输入"诚信书店上半年销售统计表"即可。

（2）再单击"坐标轴标题"按钮，分别选择"主要横坐标轴标题""主要纵坐标轴标题"及位置，输入相应的标题，如图1-50所示。

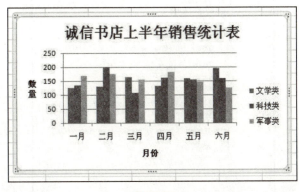

图 1-50

图表建立以后，如果发现某个数值有误，需要进行修改。修改的方法是：直接单击选中数据源工作表中相应的单元格，输入新的数据即可。数据源修改后，图表中的数据便会自动跟随修改。

3. 修改图表数据

修改图表数据就是添加、删除图表数据。

1）如果我们需要在建好的图表中添加新的数据系列，其具体操作步骤如下：

（1）首先将要添加的数据添加到数据源工作表中。

（2）选择要添加的单元格区域，并将其复制到剪贴板中，接着激活图表，切换到"开始"选项卡，单击"剪切板"组中的"粘贴"命令，在弹出的下拉菜单中选择"选择性粘贴"命令，打开"选择性粘贴"对话框，选择"新建系列"单选按钮，其他选项默认设置，如图1-51所示，单击"确定"按钮即可。

2）如果要删除图表中的数据系列，有两种方法：一种是先删除数据表中的数据源，数据源删除以后，图表中的数据系列便自动删除；另一种是不删除数据源，只删除图表中的数据系列。方法是：首先选择要删除的数据系列，然后按"Delete"键，数据系列即可从图表中删除。

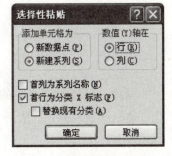

图 1-51

4. 设置图表区格式

图表创建以后，可以对图表区的格式进行设置，如设置图表区的图案格式、字体格式及属性等。下面以诚信书店上半年销售统计表为例，为图表设置图案格式、字体格式及边框，其具体操作步骤如下：

（1）选中图表区，切换到"布局"选项卡，单击左上角的"设置所选内容格式"按钮，将打开"设置图表区格式"对话框，如图1-52所示。

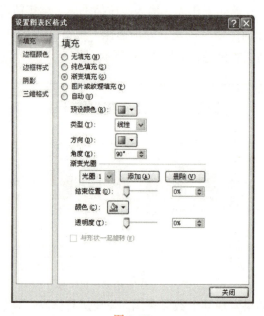

图1-52

（2）在"设置图表区格式"对话框中，从左面分别选择"填充""边框颜色""边框样式""阴影""三维格式"，在右面进行相应的设置即可，效果如图1-53所示。

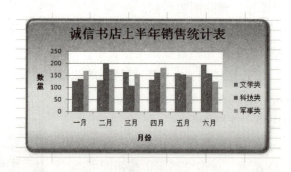

图1-53

同样，可以对图表中的绘图区、图例、图表标题进行相应的格式设置，如填充颜色、边框样式及颜色、阴影、三维样式等，方法与上面设置图表区格式类似，这里不再赘述。

任务六　公式与函数

Excel 不仅能够帮助用户制作表格，还可以帮助用户在表格中应用公式和函数进行复杂的数据运算，这一强大的功能将那些烦琐、枯燥的数字计算变得简单而容易。熟练应用公式和函数，可以使我们的工作变得轻松有趣，效率得到极大提高。下面我们来学习如何在 Excel 中应用公式和函数进行数据运算。

一、公式

1. Excel 公式中的运算符

运算符用来说明对运算对象进行了何种操作，如"+"是把前后两个操作对象进行加法运算。在 Excel 中，包含四种运算符：算术运算符、比较运算符、文本连接运算符和引用运算符。

1）算术运算符主要进行一些基本的数学运算，如加法、减法、乘法、除法和乘方等。

（1）+ 即加法运算。

（2）- 即减法运算。

（3）* 即乘法运算。

（4）/ 即除法运算。

（5）^ 即乘方（指数）运算。

（6）% 即百分比运算。

2）比较运算符是用来比较两个数值大小的运算符，结果是一个逻辑值，不是 TRUE（真）或就是 FALSE（假）。

（1）> 即大于。

（2）< 即小于。

（3）> = 即大于等于。

（4）< = 即小于等于。

（5）< > 即不等于。

（6）= 即等于。

3）文本连接运算符可以将多个文本连接起来组合成一个新的串文本。文本连接运算符只有一个"&"，其含义是将两个文本值连接或串连起来产生一个连续的文本值，如"计算机"&"文化基础"的结果是"计算机文化基础"。

4）引用运算符可以将单元格区域合并运算，如下所示：

（1）区域（冒号）：表示对两个引用之间（包括两个引用在内）的所有单元格进行引用，例如 SUM（B2：H2）。

（2）联合（逗号）：表示将多个引用合并为一个引用，例如（B2：H2，B5：H5）。

（3）交叉（空格）：表示同时隶属于两个引用共有的单元格区域，例如（C2：F4 C4：F6）。

当公式中既有加法，又有乘法、除法时，Excel 与数学中学习的运算顺序相似，从左到右计算公式。对于同一级的运算，则按照从左到右进行计算，对于不同级别的运算，则按照运算符的优先级进行计算。

如果要修改计算的顺序，可以将公式中要先计算的部分用括号括起来。例如，公式“=9–5*2”的结果是 –1，先进行乘法运算，再进行减法运算。如果要先进行减法运算，后进行乘法运算，就必须使用括号改变计算顺序，如公式“=（9–5）*2”，结果是 8。

2. 在单元格中应用公式进行运算

以图 1–54 为例介绍在单元格中应用公式运算的方法。图 1–54 所示的表格是一个进货单，表中已经有进货的名称与数量，现在我们要算出金额。

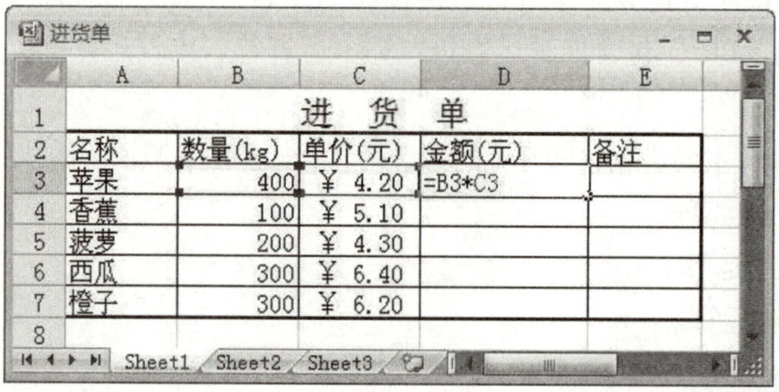

	A	B	C	D	E
1	进 货 单				
2	名称	数量(kg)	单价(元)	金额(元)	备注
3	苹果	400	¥ 4.20	=B3*C3	
4	香蕉	100	¥ 5.10		
5	菠萝	200	¥ 4.30		
6	西瓜	300	¥ 6.40		
7	橙子	300	¥ 6.20		
8					

图 1–54

双击“D3”单元格，在 D3 单元格中输入“=B3*C3”，系统就会将 B3 单元格中的 400 与 C3 单元格中的 4.20 相乘。按回车键，计算结果便显示在 D3 单元格中。

对于图 1–54 中的其他物品金额的计算，我们不必在以下的单元格中一一输入相应的公式，只要利用 Excel 的自动填充功能，就可以实现自动输入和计算。单击 C3 单元格，使其成为活动单元格，鼠标指向该单元格右下角的填充柄，当指针变为“十”字形时，向下拖动鼠标，一直拖到 D7 单元格，松开鼠标，这时每一项物品的金额便显示在相应的单元格中，如图 1–55 所示。

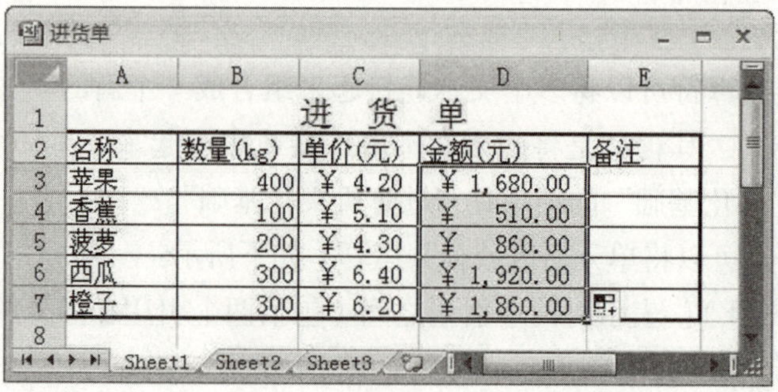

	A	B	C	D	E
1	进 货 单				
2	名称	数量(kg)	单价(元)	金额(元)	备注
3	苹果	400	¥ 4.20	¥ 1,680.00	
4	香蕉	100	¥ 5.10	¥ 510.00	
5	菠萝	200	¥ 4.30	¥ 860.00	
6	西瓜	300	¥ 6.40	¥ 1,920.00	
7	橙子	300	¥ 6.20	¥ 1,860.00	
8					

图 1–55

二、函数

在 Excel 单元格中可以使用公式完成许多计算，但是有一些计算却无法用公式来完成，比如我们要求一组数值的最大值、最小值，或其他有条件的计算等，这时就需要运用到函数。Excel 2007 提供了大量的内置函数，涉及许多工作领域，如财务、工程、统计、时间、日期、数学等，合理利用这些函数可以极大地提高工作效率。

1. 函数语法

函数实际上是 Excel 预先定义好的公式，它们使用一些称为参数的特定数值，按特定的顺序或结构进行计算。Excel 2007 的函数由三部分组成，即函数名称、括号和参数。其结构以等号"="开始，后面紧跟函数名称和左括号，然后以逗号分隔输入参数，最后是右括号。其语法结构为：函数名称（参数1，参数2，……参数N）。

在函数中，各名称的意义如下：

函数名称：指出函数的含义，如求和函数 SUM，求平均值函数 AVERAGE。

括号：括住参数的符号，即使没有任何参数，括号也不能省略。

参数：告诉 Excel 2007 所要执行的目标单元格或数值，可以是数字、文本、逻辑值、数组、错误值或单元格引用。各参数之间必须用逗号隔开。

例如，函数 SUM（B2：B6）中，SUM 为函数名，B2：B6 为函数的一个参数，即一个单元格区域，它是对 B2 到 B6 单元格的数值求和。

2. 函数输入

方法一：直接在单元格手动输入。

方法二：在编辑栏中单击"f_x"，按照提示逐步操作。

方法三：在"公式"选项卡的"函数库"分组里进行插入。

3. 常用函数

数学函数：SUM（）函数、SUMIF（）函数。

逻辑函数：IF（）函数、AND（）函数、OR（）函数。

文本函数：LEFT（）函数、RIGHT（）函数、MID（）函数。

统计函数：MAX（）函数、MIN（）函数、AVERAGE（）函数、COUNTIF（）函数、COUNT（）函数。

日期时间函数：NOW（）函数、DAY（）函数、MONTH（）函数、YEAR（）函数、HOUR（）函数、MINUTE（）函数、SECOND（）函数、TODAY（）函数。

查找与引用函数：VLOOKUP（）函数、MATCH（）函数。

下文为方便叙述，每个函数后的括号删去，如"SUM（）函数"表示为"SUM 函数"。

本章小结

本章介绍了 Excel 的常用操作，包括工作簿、工作表和单元格的基本操作方法，以及对 Excel 里数据的操作，包括公式、函数、排序、筛选、分类汇总、透视表和图表等。通过本章的学习，学生要掌握数据的输入、格式的编辑以及数据的复制、粘贴、移动等操作；掌握公式和常用函数的使用；能对数据进行排序、筛选、分类汇总；能够生成数据透视表和图表。

实 训

1. 实训目的

（1）掌握 Excel 的启动与退出，了解其界面。
（2）掌握 Excel 工作簿的管理、工作表和单元格的常规操作。
（3）掌握数据有效性的设置。
（4）掌握公式和函数的操作。
（5）掌握数据的排序筛选和分类汇总的操作。
（6）掌握数据透视表和图表的制作方法。

2. 实训资料

实训资料如图 1-56 所示。

某公司2020年加班补贴费报表

职工号	姓名	年龄	职称	性别	总加班时	加班补贴	加班评价
100020	张多	40	中级工	男	300		
100021	赵择	38	中级工	男	320		
100022	王亭	31	初级工	女	26		
100023	李丽	30	初级工	女	245		
100024	齐敏	25	中级工	女	300		
100025	张萍	28	中级工	女	280		
100026	孙天	30	中级工	男	310		
100027	周鹰	28	中级工	男	290		
100028	吴名	25	初级工	男	250		
100029	郑浩	40	初级工	男	240		
100030	钱国	38	初级工	男	284		
100031	韩梅	31	初级工	女	259		

图 1-56

3. 实训要求

（1）启动 Excel，建立一个工作簿文件，命名"某公司 2020 年加班补贴费报表"。
（2）将 Sheet1 重命名为"加班补贴费报表"。
（3）输入文字，并设置格式，效果如图 1-56 所示。
（4）分别用公式和函数计算加班补贴和加班评价，加班补贴 = 总加班时 *15，如果总加班时大于 300，输入"需提高效率"，否则输入"合理"。
（5）将工作表"加班补贴费报表"里的表格复制到 Sheet2，Sheet2 重命名"筛选"，在此工作表中筛选出总加班时大于 300 的男员工。
（6）将工作表"加班补贴费报表"里的表格复制到 Sheet3，Sheet3 改名为"分类汇总”，分类汇总出不同职称的平均总加班时。

（7）新建一个工作表，重命名为“员工加班对比图”，制作如图 1–57 所示图表。

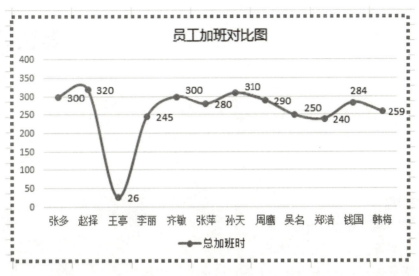

图 1–57

（8）在工作表“加班补贴费报表”中，选中全部数据，插入透视表，具体设置如图 1–58 和图 1–59 所示。最终效果图如图 1–60 所示。

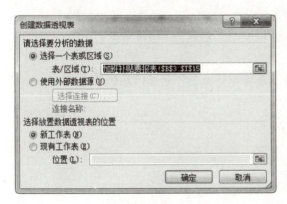

图 1–58

图 1–59

行标签	求和项:总加班时	平均值项:加班补贴
男	1994	4272.857143
女	1110	3330
总计	**3104**	**3880**

图 1–60

（9）在工作表“加班补贴费报表”中，性别设置数据有效性为序列男或女。

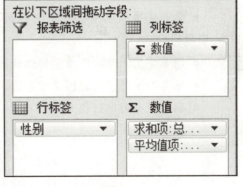

模块二

Excel 在账务处理中的应用

> **知识目标**
> - 了解单元格对齐缩进使用。
> - 了解数值自定义格式使用。
> - 了解使用 Excel 实现账务电算化的步骤和方法。
> - 掌握 SUMIF 函数、IF 函数、VLOOKUP 函数和 LEFT 函数的格式。
>
> **能力目标**
> - 学会使用 Excel 实现账务处理。
> - 学会使用 Excel 生成总账、明细账。
> - 学会使用 SUMIF 函数、IF 函数、VLOOKUP 函数和 LEFT 函数。
>
> **素质目标**
> - 培养学生主动运用所学知识认知、分析和解决会计专业问题的能力。
> - 培养学生严谨的逻辑思维能力。
> - 培养学生的规划能力。

任务一　分析背景材料

一、背景资料

辽宁山海有限公司（以下简称山海公司）计划从 2020 年 9 月开始使用 Excel 软件进行会计核算工作。会计人员着手整理资料，建立 Excel 工作簿，利用 Excel 工具和函数实现财务电算化。

辽宁山海有限公司为增值税一般纳税人，增值税税率为 13%，所得税税率为 25%。材料核算采用先进先出法。9 月 1 日的账户期初数据如表 2-1 所示。

表 2-1　账户期初数据　　　　　　　　　　　　　　　　元

科目编码	科目名称	期初借方余额	期初贷方余额
1001	库存现金	6 000	
1002	银行存款	3 030 000	
100201	工行	1 830 000	
100202	建行	1 200 000	
1012	其他货币资金	142 000	
101201	外埠存款	12 000	
101203	银行汇票	130 000	
1101	交易性金融资产	26 000	
110101	成本	26 000	
1121	应收票据	226 000	
1122	应收账款	409 000	
112201	松雅公司	148 000	
112202	语桐电子公司	151 000	
112203	明宇公司	110 000	
1231	坏账准备		1 500
1123	预付账款	110 000	
1221	其他应收款	4 000	
122101	曹阳	3 500	
112102	孟诗雪	500	
1402	在途物资	200 000	

续表

科目编码	科目名称	期初借方余额	期初贷方余额
1403	原材料	580 000	
1411	周转材料	124 000	
141101	包装物	66 000	
141102	低值易耗品	58 000	
1405	库存商品	1 680 000	
1511	长期股权投资	300 000	
151101	股票投资	300 000	
1601	固定资产	2 100 000	
1602	累计折旧		500 000
1604	在建工程	1 600 000	
1606	固定资产清理		
1701	无形资产	800 000	
1702	累计摊销		80 000
1801	长期待摊费用	200 000	
2001	短期借款		300 000
2201	应付票据		280 000
2202	应付账款		101 700
2211	应付职工薪酬		260 000
221101	工资		260 000
221102	福利费		
2221	应交税费		130 000
222101	应交增值税		
22210101	销项税额		
22210102	进项税额		
22210103	已交税金		
222102	未交增值税		100 000
222103	应交所得税		20 000
222110	应交教育费附加		3 000
222111	应交城市维护建设税		7 000
2231	应付利息		

续表

科目编码	科目名称	期初借方余额	期初贷方余额
2241	其他应付款		58 000
2501	长期借款		2 000 000
250101	本金		2 000 000
250102	应付利息		
4001	实收资本		6 600 000
4002	资本公积		500 000
400201	资本溢价		500 000
4101	盈余公积		250 000
410101	法定盈余公积		250 000
4103	本年利润		
4104	利润分配		475 800
410401	未分配利润		475 800
5001	生产成本		
500101	基本生产成本		
500102	辅助生产成本		
5101	制造费用		
6001	主营业务收入		
6111	投资收益		
6401	主营业务成本		
6402	其他业务成本		
6403	税金及附加		
6601	销售费用		
6602	管理费用		
6603	财务费用		
6604	信用减值损失		
6711	营业外支出		
6801	所得税费用		
合计		11 537 000	11 537 000

该公司原材料月初库存量为 500 吨，2020 年 9 月发生的具体业务如下：

（1）9 月 2 日，收到银行通知，用工行存款支付到期的商业承兑汇票 80 000 元。

（2）9 月 3 日，购入原材料 200 吨，用工行存款支付货款 200 000 元，以及购入材料支付的增值税 26 000 元，款项已付，材料未到。

（3）9 月 4 日，收到原材料一批，数量 150 吨，材料成本 150 000 元，材料已验收入库，货款已于上月支付。

（4）9 月 5 日，用银行汇票支付采购材料价款，公司收到开户银行转来的银行汇票多余款收账通知，通知是填写的多余款 50 元，材料 115 吨，购入材料价款 115 000 元，增值税 14 950 元，原材料已验收入库。

（5）9 月 6 日，基本生产领用原材料 610 吨；材料总价款 610 000 元，车间领用计入产品成本的低值易耗品 60 000 元。

（6）9 月 6 日，向松雅公司销售产品一批，销售价款 400 000 元（不含应收取的增值税），该批产品实际成本 240 000 元（月末结转），产品已发出，价款未收到。

（7）9 月 8 日，公司将交易性金融资产（全部为股票）全部卖出，成本 26 000 元，卖价 30 000 元，存入工行。不考虑相关税费。

（8）9 月 9 日，购入不需安装的设备 1 台，支付价款 90 000 元，增值税 11 700 元，取得增值税专用发票。支付包装费、运费共 1 100 元，取得普通发票。价款及包装费、运费均通过建行存款支付。设备已交付使用。

（9）9 月 10 日，一项工程完成，交付生产使用，已办理竣工手续，固定资产价值 1 600 000 元。

（10）9 月 11 日，基本生产车间 1 台机床报废，原价 210 000 元，已计提折旧 190 000 元，清理费用 600 元，残值收入 2 000 元，均通过工行存款收支，不考虑相关税费。该项固定资产清理完毕。

（11）9 月 12 日，归还短期借款本金 100 000 元，当月利息 600 元，由工行存款支付。

（12）9 月 13 日，从工行提取现金 480 000 元，准备发放工资。

（13）9 月 14 日，支付工资 480 000 元，其中包括支付给在建工程人员工资 220 000 元。

（14）9 月 15 日，发生广告费 20 000 元，已用工行存款支付。

（15）9 月 15 日，用工行存款交纳期初未交的相关税费。

（16）9 月 15 日，发生职工福利费 43 500 元（不包括在建工程应负担的福利费 28 000 元），其中生产人员福利费 40 000 元，车间管理人员福利费 1 500 元，行政管理部门福利费 2 000 元。

（17）9 月 15 日，提取应计入本期损益的借款利息共 10 600 元，其中，短期借款利息 600 元；长期借款利息共 10 000 元。

（18）9 月 16 日，销售产品一批，销售价款 800 000 元，应收增值税 104 000 元，销售产品的实际成本 480 000 元（月末结转），货款工行已收妥。

（19）9 月 17 日，摊销无形资产 6 666.67 元。

（20）9 月 18 日，计提固定资产折旧 120 000 元，其中计入制造费用 90 000 元；管理费用 30 000 元。

（21）9 月 19 日，收到松雅公司应收账款 200 000 元，存入工行。

（22）9 月 19 日，对松雅公司计提坏账准备 2 500 元。

（23）9 月 20 日，用工行存款支付产品展览费 20 000 元。

（24）9 月 30 日，分配应支付的职工工资 260 000 元（不包括在建工程应负担的工资），其中生产人员工资 234 000 元，车间管理人员工资 11 000 元；行政管理部门人员工资 15 000 元。

（25）9 月 30 日，将制造费用 102 500 结转计入生产成本。

（26）9 月 30 日，假设本月产品全部完工，计算并结转本期完工产品成本 1 046 500 元。

（27）9 月 30 日，公司本期产品销售应交纳的教育费附加为 3 100.5 元，城市维护建设费为 7 234.5 元。

（28）9 月 30 日，结转本期产品销售成本 720 000 元。

（29）9 月 30 日，将各损益类科目结转计入本年利润。

（30）9 月 30 日，计算并结转应交所得税（不考虑纳税调整事项，税率为 25%）。

二、分析

若要完成山海公司 2020 年 9 月的账务处理流程，需分成以下几个步骤：

1. 建账

启动 Excel，建立一个工作簿，工作簿命名为"202009 总账"，建立工作表，依次命名为"封皮""202009 会计科目及余额表""凭证模板""202009 凭证""202009 总账及试算平衡表"和"202009 明细账"。

2. 设置账户

设置账户，即建立一个"202009 会计科目及余额表"。

3. 输入期初余额

在"202009 会计科目及余额表"中输入期初数据，并实现试算平衡。

4. 输入记账凭证

输入记账凭证，即建立一个"202009 凭证"工作表，在此表中输入所有业务凭证。

5. 生成总账

建立一个总账表，在此表中汇总所有凭证数据，并根据记账凭证自动生成总账。

6. 生成明细账

建立一个明细账表，在此表中利用 Excel 的透视表功能自动生成明细账。

任务二 建 账

所谓建账，就是用 Excel 建立一个工作簿，并完成对应的工作表，工作表要根据用途命好名字。

在该任务中，需要明确工作簿与工作表之间的关系，用到的操作技能是新建工作簿，在工作簿中新建工作表，对工作表进行重命名。

1. 建账

一、新建文件夹

操作步骤如下：

打开"我的电脑"，双击打开 D 盘，在空白界面单击右键打开菜单，选择"新建"——"文件夹"，文件夹命名为"山海公司"，在该文件夹下建立"总账"文件夹。

二、建立工作簿和工作表

操作步骤如下：

（1）启动 Excel，在"总账"文件夹下建立总账工作簿，命名为"202009 总账 .xlsx"。
（2）在工作表 Sheet1 标签上单击右键，选择"重命名"，输入工作表新名字"封皮"。
（3）在工作表"封皮"里输入信息，调整行高列宽，如图 2-1 所示。

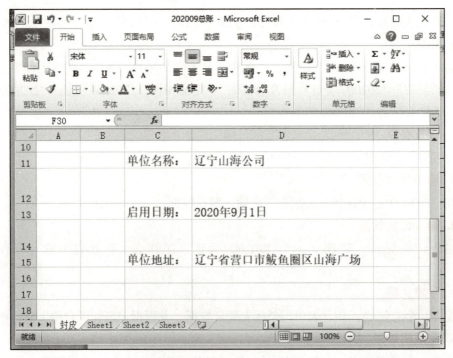

图 2-1

（4）将 Sheet2 命名为"202009 会计科目及余额表"。

（5）将 Sheet3 命名为"凭证模板"。

（6）新建三页工作表分别命名为"202009 凭证""202009 总账及试算平衡表"和"202009 明细账"。

操作结果如图 2-2 所示。

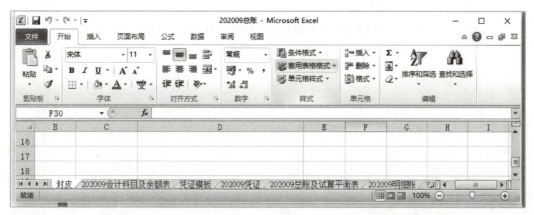

图 2-2

任务三　设　置　账　户

设置账户就是建立一个会计科目及余额表，会计科目是会计记账的核心，它主要有三个方面的功能：一是会计分录的对象，二是记账的标准，三是制表的纲目。在日常的会计核算中，会计科目分为总分类科目和明细分类科目（简称明细科目），其中总分类科目即一级科目，明细分类科目是二、三级等科目，其中一级科目是国家财政部统一规定的。

2. 设置账户

根据《企业会计准则——应用指南》的相关规定，本工作任务使用的会计科目设置也按照新会计准则科目体系设置，可在其下设置子科目，并继承其上级科目的编码。为了提高工作效率，通常以"科目编码"取代"科目名称"作为输入会计科目的依据。

在该任务中，用到的操作技能是设置单元格格式：数字、对齐、边框和填充，增加行和列，删除行和列，以及冻结窗格。

一、建立会计科目表

（1）在工作表"202009 会计科目及余额表"的 A1 单元格输入"科目编码"，B1 单元格输入"科目名称"，选择 A 列，打开"开始"选项卡下"数字"分组中上方的下拉按钮，设置"数字"类型为文本，或者打开"开始"选项卡下"数字"分组右下角的折叠按钮，此时会出现如图2-3所示对话框，在"数字"选项卡下"分类"里选择"文本"即可。

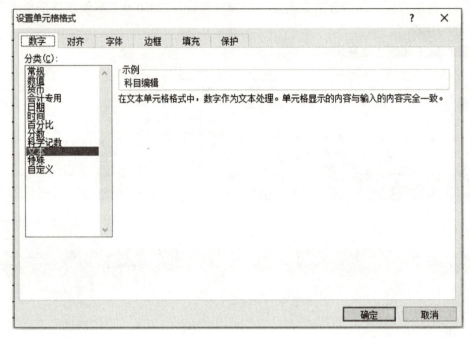

图2-3

（2）在工作表"202009会计科目及余额表"的A2至A75单元格中分别输入新会计准则体系的科目编码及相应的子科目编码，在B2至B75单元格中分别输入新会计准则体系的科目名称及相应的子科目名称。设置文本后，表格内容默认左对齐，并且每个编码单元格的左上角有一个绿色三角文本标识，效果如图2-4所示。

	A	B	C	D
1	科目编码	科目名称	期初借方余额	期初贷方余额
2	1001	库存现金		
3	1002	银行存款		
4	100201	工行		
5	100202	建行		
6	1012	其他货币资金		
7	101201	外埠存款		
8	101203	银行汇票		
9	1101	交易性金融资产		
10	110101	成本		

图2-4

二、修改和删除会计科目

根据管理的需要，如果需要增加一个会计科目，选中增加的行标，单击右键打开快捷菜单,选择"插入"选项,即插入一新行,在新增的行里填加新的会计科目。

如果需要删除一个会计科目,可用同样的方法,单击右键后选择"删除"即可。

三、美化会计科目表

(1)选中 A 列和 B 列中所有的二级科目编码和科目名称。注意选择不连续区域"Ctrl"键和连续区域"Shift"键的使用,单击"开始"选项卡下"对齐方式"分组右下角的折叠按钮,弹出如图 2-5 所示对话框。在此对话框的"对齐"选项卡下,设置"缩进"为 1。同样的方式,将三级科目设置"缩进"为 2。

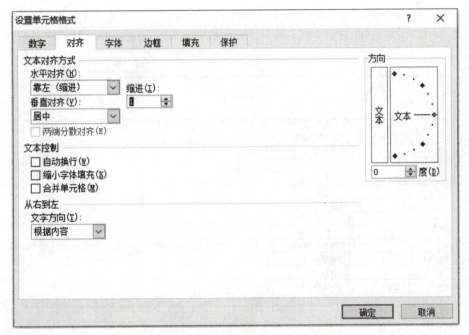

图 2-5

(2)选择 A1 和 B1 两个单元格,单击"开始"选项卡下"字体"分组中的"颜色填充"按钮,填上"白色,背景 1,深色 15%"。或者单击"开始"选项卡下"字体"分组右下角的折叠按钮,在弹出的对话框中选择"填充"选项卡,如图 2-6 所示,选中"白色,背景 1,深色 15%"。

(3)选择 A1:B75 单元格区域,单击"开始"选项卡下"字体"分组中的"边框"下拉按钮,选中"田"字形边框,或者单击"开始"选项卡下"字体"分组右下角的折叠按钮,在弹出的对话框中选择"边框"选项卡,可以进行细化设置。效果如图 2-7 所示。

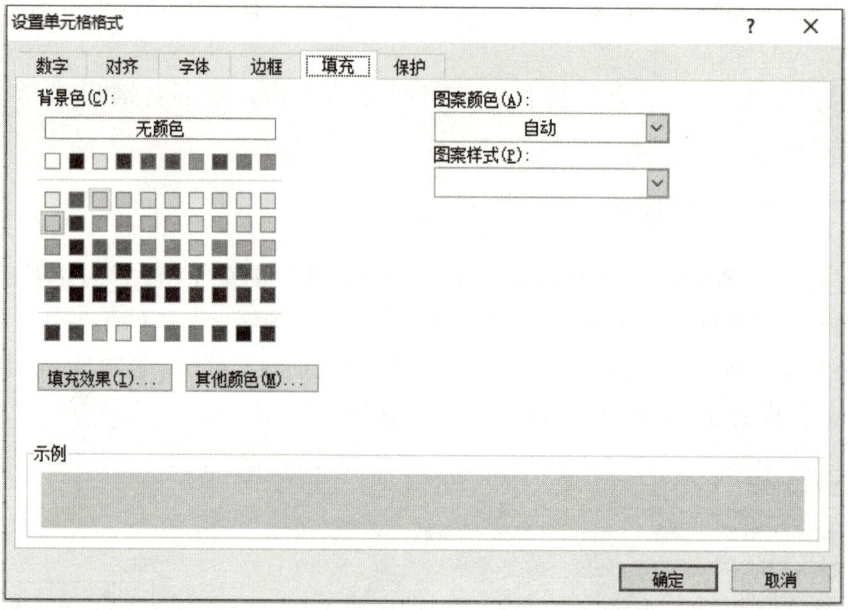

图 2–6

	A	B	C	D	E	F	G	H
1	科目编码	科目名称						
2	1001	库存现金						
3	1002	银行存款						
4	100201	工行						
5	100202	建行						
6	1012	其他货币资金						
7	101201	外埠存款						
8	101203	银行汇票						
9	1101	交易性金融资金						
10	1121	应收票据						
11	1122	应收账款						
12	112201	松雅公司						

封皮 202009会计科目及余额表 凭证模板 202009凭证 202009总账及试算平衡表 202009明细账

图 2–7

四、冻结窗格

选中 C2 单元格，选择“视图”选项卡下“窗口”分组中的“冻结窗格”，选择“冻结拆分窗格”选项，将 A1 和 B1 单元格及其内容固定在现在位置，不随行列的翻动变化位置。

任务四　输入期初余额并进行试算平衡

输入期初余额，即在“202009 会计科目及余额表”中输入各账户期初数值，并实现试算平衡。在输入期初数值时，需注意总账科目余额与下级科目余额之间的关系：总账科目余额＝下级科目余额之和。在进行试算平衡时，要设置试算平衡公式：借方总账科目余额之和＝贷方总账科目余额之和。

在该任务中，用到的操作技巧是设置单元格格式："数值""边框""对齐"里的"合并居中"和"填充"，增加行和列，删除行和列，冻结窗格，利用 SUM 函数及 SUMIF 函数求和，"F9"键重算工作表等。

3. 格式和试算平衡

一、输入期初余额

（1）选择 C1 单元格，输入"期初借方余额"，选择 D1 单元格，输入"期初贷方余额"。并设置 C1 和 D1 单元格的填充颜色"白色，背景 1，深色 15%"。

（2）定义有明细科目的上级科目的计算公式。在输入时因为只输入最末级科目的余额，上级科目的余额要根据设置的公式自动进行计算，所以上级科目的单元格数值是通过其他单元格数据加和得来的。

C3=C4+C5

C6=C7+C8

C9=C10

C12=C13+C14+C15

C18=C19+C20

C23=C24+C25

C27=C28

D39=D40+D41

D42=D43+D47+D48+D49+D50

D49=D47*0.03

D50=D47*0.07

D53=D54+D55

D57=D58

D59=D60

D62=D63

D64=D65+D66

（3）将山海公司 2020 年 9 月会计科目（非汇总科目）的期初余额输入该工作表中。效果如图 2-8 所示。

（4）选中 C2：D79 单元格区域，单击"开始"选项卡下"数字"分组右侧折叠按钮，弹出如图 2-9 所示对话框，在"分类"里选择"自定义"，在右侧"类型"里输入"# ### ### ### ### ###"。

（5）选中 C1：D79 单元格区域，单击"开始"选项卡下"字体"分组中的"边框"下拉按钮，选中"田"字形边框为其设置边框，最终效果如图 2-10 所示。

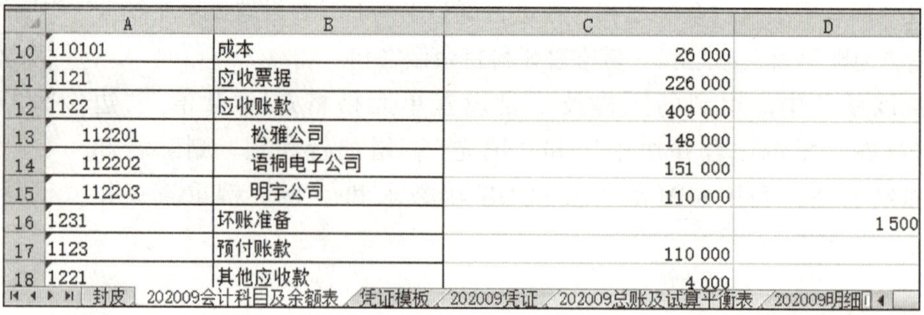

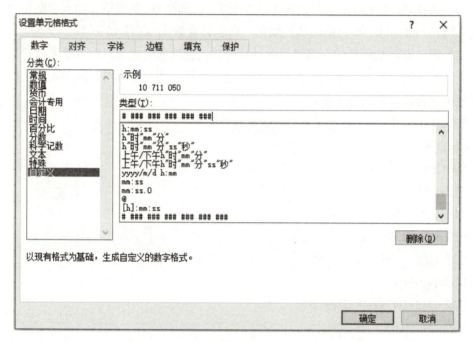

图 2-8

图 2-9

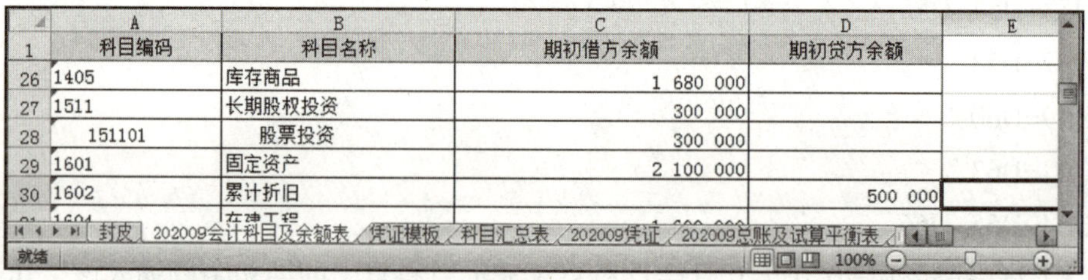

图 2-10

二、进行试算平衡

（1）选中 A79 单元格，输入"合计"二字。

（2）选中 A79：B79 单元格，单击"开始"选项卡下"字体"分组右下角的折叠按钮，在弹出的对话框中选择"边框"选项卡，仅对选区添加外部边框。

(3)在 C79 单元格中插入"SUMIF"函数。

"SUMIF"函数是条件求和函数,属于逻辑函数。

其格式为:SUMIF(搜索范围,搜索条件,求和范围)。

如果求和范围与搜索范围一致,求和范围连同其前面的逗号可以省略。具体设置如图 2-11 所示。

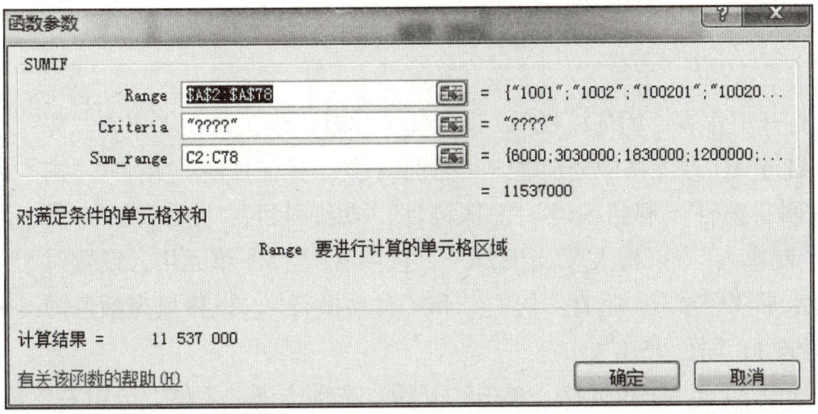

图 2-11

"Range"选区是 A2:A78,按"F4"键实现 $A$2:$A$78。目的是方便 D 列实现"把柄填充",把相对地址设为绝对地址。这里特别提示一下:"Range"选区 A2:A78 必须是文本格式,不可以为数字格式,数字格式无法识别 SUMIF 函数对话框"Criteria"里"????"四位条件的成功查找。不喜欢使用插入函数对话框输入函数的同学,可以手动输入公式,选中 A79 单元格后,直接手动输入"=SUMIF($A$2:$A$78,"????",C2:C78)"即可。

这里用到了通配符问号(?),常用的通配符还有星号(*)。星号(*)和问号(?)主要用于查找文件或文件夹,星号(*)可以代替零个或者多个字符,如"abc*"代表以 abc 为首的所有文件,如"abc""abc2""abcde""abcppp"等等。问号(?)可以代替任意一个字符,如"ab?"代表的可以是"abh""abc""ab2"。

(4)用填充柄复制 C79 到 D79,得到期初贷方余额之和。

任务五 输入、审核记账凭证及记账

输入记账凭证,即建立一个"202009 凭证"工作表,在此表中输入所有业务凭证。记账凭证清单应具有记账凭证的所有信息,应设置类别编码、凭证日期、附件、摘要、总账科目编码、科目编码、总账科目、明细科目、借方金额、贷方金额、制单人、审核人和记账人等信息。此外,在输入过程中要设置一定的数据校验功能,如日期格式、金额格式、科目编码和科目名称的有效性等。

借贷记账法规则：有借必有贷，借贷必相等。

为了体现会计电算化的优势，输入科目编码后由系统自动给出总账科目名称和明细科目名称。

在该任务中，用到的操作技巧是设置单元格格式："数值""边框""对齐"里的"自动换行"和"填充"，增加行和列，删除行和列，冻结窗格，数据有效性，定义名称，填充公式，以及 LEFT 函数、IF 函数、LEN 函数和 VLOOKUP 函数的使用。

一、制作凭证模板

（1）打开工作表"凭证模板"，设计凭证，输入表头。在工作表"凭证模板"A1 至 M1 单元格中分别输入"类别编号""凭证日期""附件""摘要""总账科目编码""科目编码""总账科目""明细科目""借方金额""贷方金额""制单人""审核人""记账人"，选中 A1 至 M1 单元格，设置对齐方式为水平"居中"、垂直"居中"和"自动换行"，设置填充颜色为"白色，背景1，深色15%"。

4. 制作凭证模板

（2）选中 A1 至 M1 单元格，单击"开始"选项卡下"字体"分组右下角的折叠按钮，在弹出的对话框中选择"边框"选项卡，内线设置为黑色虚线，外线设置为黑色实线，效果如图 2-12 所示。

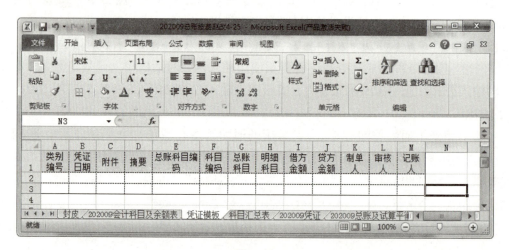

图 2-12

（3）设置"类别编号""凭证日期""附件""摘要""科目编码"等列的数据有效性。现以"凭证日期"为例，设置其数据有效性：选中 B2:B3 单元格，单击"数据"选项卡下"数据工具"分组中的"数据有效性"按钮，选中"数据有效性"命令，弹出对话框，如图 2-13 所示，在"设置"选项卡下，在"允许"里选择"日期"，在"数据"里选择"介于"，"开始日期"和"结束日期"分别为"2020-9-1"和"2020-12-31"，注意输入格式为"YYYY-MM-DD"，防止设置数据有效性后，因输入格式出现错误，可以在"输入信息"选项卡下，设置提示信息，如图 2-14 所示。

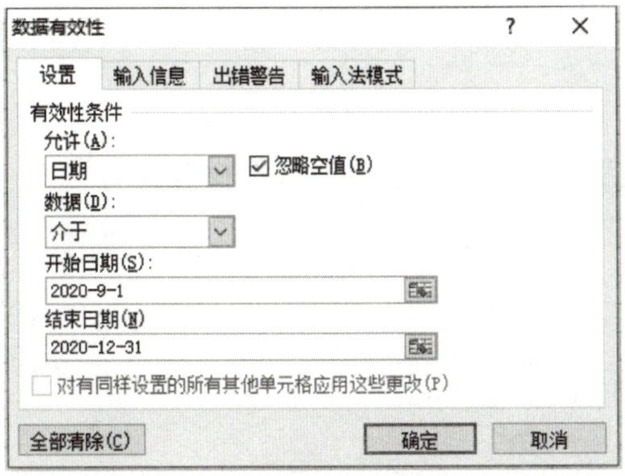

图 2-13 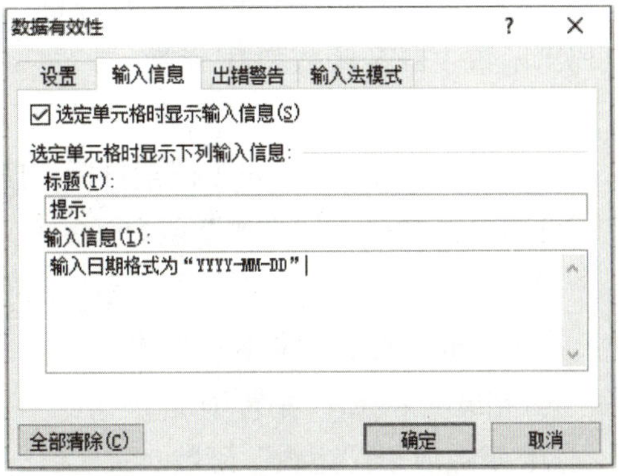　　　　　　　　　　　　图 2-14

按照"凭证日期"列的数据有效性设置方式，分别设置"附件""摘要""科目编码"等列的数据有效性。"附件"只允许整数 0 到 1 000，"输入信息"文本框设置为"请输入 0 到 1 000 的整数！"；"摘要"列只允许文本输入，范围 1 到 50 个字，"输入信息"文本框设置为"请输入 50 个字以内的摘要！"。

"科目编码"列的数据有效性区别于以上各列的数据有效性，选择"序列"选项进行操作。

设置"科目编码"列的数据有效性的操作步骤如下：

首先，单击工作表"202009 会计科目及余额表"，选中 A 列，选择"公式"选项卡下"定义的名称"分组里的"定义名称"按钮中的"定义名称"命令，定义一个名为"科目编码"的名称。如图 2-15 所示。

然后，单击工作表"凭证模板"，选中 F2：F3，单击"数据"选项卡下"数据工具"分组中的"数据有效性"按钮，选择"数据有效性"命令，设置如图 2-16 所示。

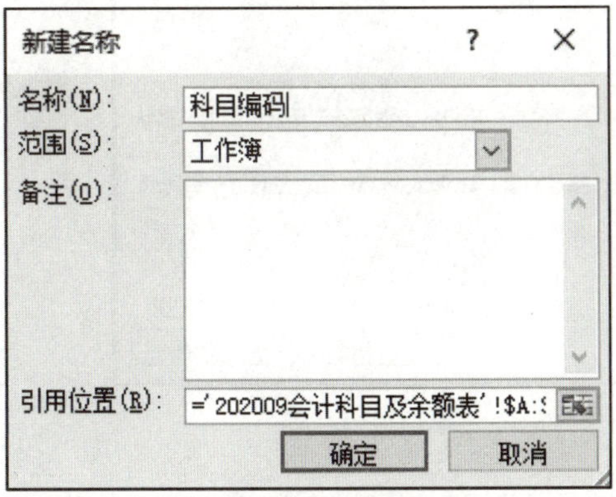

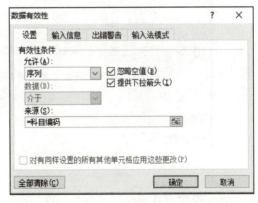

图 2-15　　　　　　　　　　　　图 2-16

（4）设置"总账科目"的取值公式。

设置取值公式的目的在于，当"科目编码"输入完毕时，对应的"总账科目"会自动生成。既能减少输入，又能保证其正确性。

设置"总账科目"和"明细科目"的取值公式用到四个函数：VLOOKUP 函数、LEFT 函数、LEN 函数和 IF 函数。

VLOOKUP 函数属于"查找与引用"函数。

其格式为：VLOOKUP（搜索目标，搜索范围，返回列数，精确或模糊查找）。

LEFT 函数属于"文本"函数。

其格式为：LEFT（字符串，提取字符数）。

LEN 函数属于"文本"函数。

其格式为：LEN（字符串）。

IF 函数属于"逻辑"函数。

其格式为：IF（条件，条件成立输出值，条件不成立输出值）。

"总账科目"的取值公式为"=VLOOKUP（LEFT（F2，4），'202009 会计科目及余额表'!A：B，2，0）"。这里"（LEFT（F2，4）"是取 F2 单元格左侧四位。"=VLOOKUP（LEFT（F2，4），'202009 会计科目及余额表'!A：B，2，0）"是在工作表"202009 会计科目及余额表"中的 A 和 B 列中查找"F2 单元格左侧四位"，找到后返回第"2"列，即 B 列的值，"0"代表精确查找。公式可以手动输入，也可以通过点击"编辑框"里的"fx"先插入 VLOOKUP 函数，如图 2-17 所示。将后三项设置完毕后，把插入点确定在"Lookup_value"文本框里后，输入"LEFT（F2，4）"或者单击"编辑框"最左侧文本框，在"其他函数"里找到 LEFT 函数后单击，此时弹出新的对话框，如图 2-18 所示，设置完毕后，单击"确定"即可。提示：公式里的符号用英文格式。

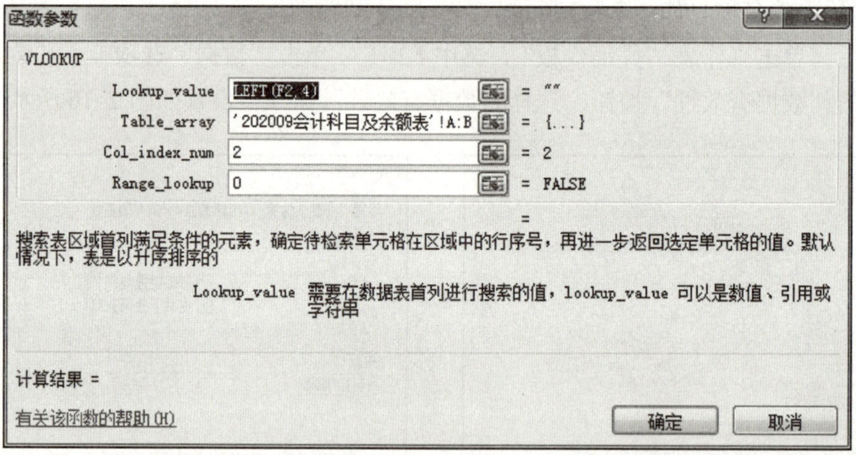

图 2-17

（5）设置"总账科目编码"的取值公式。

"科目编码"输入完毕后，"总账科目编码"列可以借助"科目编码"列完成，公式为"=IF（LEN（F2）=4，D2，LEFT（F2，4））"或者"=LEFT（F2，4）"。"=IF（LEN（F2）=4，D2，LEFT（F2，4））"的意思为，如果 F2 单元格长度为 4，就直接输出 D2，否则，输出 F2 单元格的左侧四位。

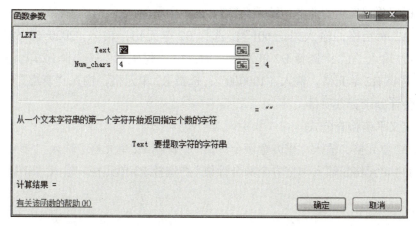

图 2-18

（6）设置"明细科目"的取值公式。

"明细科目"的取值公式为"=IF（LEN（F2）=4," ", VLOOKUP（F2,'202009会计科目及余额表'!A: B, 2, 0））"。"LEN（F2）=4"用来判断E2单元格是否为四位，"IF（LEN（F2）=4," ", VLOOKUP（E2,'202009会计科目及余额表'!A: B, 2, 0））"，表示如果E2单元格为四位，返回" "即空，否则返回'202009会计科目及余额表'!A: B中第二列的值，"0"代表精确查找。提示：公式里的符号为英文格式。

（7）设置"借方余额"和"贷方余额"的格式。

选中I2:J3单元格，单击"开始"选项卡下"数值"分组右下角的折叠按钮，在"分类"里选择"数值"保留两位小数，勾选"使用千位分隔符"。设置好的效果如图2-19所示。

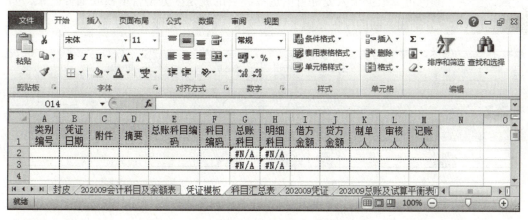

图 2-19

二、输入记账凭证

（1）将做好的凭证模板复制到工作表"202009凭证"中。单击行标"3"，单击右键选择"插入"，插入的新行里不具备所有格式，需要选中单元格A2: M2，使用把柄拖拽，将新插入的单元格格式一次填充完毕。

（2）根据公司发生的业务，输入会计分录。

选择A2单元格，输入"记001"；选择B2单元格，输入"2020-09-01"，选择C2单元格，输入"1"；选择D2单元格，输入"支付汇票"；选择F2单元格，选择"2201"；选择H2单元格，输入"100000"；选择K2单元格，输入"李娜"。以同样的方式输入会计分录贷方项目。

（3）定义平衡检查公式。

选择O2单元格，输入"借方金额合计值"；选择P2单元格，输入"SUM（I:I）"。
选择O3单元格，输入"贷方金额合计值"；选择P3单元格，输入"SUM（J:J）"。

三、审核凭证与过账

在手工处理账务时，必须将手工记账凭证登记到账簿，而用Excel输入凭证的过程其实就是登记电子账簿的过程。为了确保输入无误，在这个处理过程中，凭证的审核和记账就显得尤为重要。

审核是指由具有审核权限的操作员按照会计制度规定，对制单人填制的记账凭证进行检查。审核凭证的目的是防止错弊，凭证审核后才能进行记账处理。审核凭证时，可直接根据原始凭证对屏幕上显示的记账凭证进行审核，对正确的记账凭证可通过填充颜色表示已经审核，并在凭证的审核栏中填入审核人的名字域代码。

由于Excel本身是一个电子表格软件，凭证都放在数据清单里面，为了清晰地表明凭证是否审核或是否记账，还可以灵活地使用单元格填充颜色的方法来表示是否审核或是否记账。例如，无颜色填充表示未审核，蓝色填充表示已经审核，黄色填充表示已经记账，当然，颜色可以根据个人爱好自由选择，目的就是区分是否审核或是否记账，如图2-20所示，分别用不同的颜色标识了凭证输入、审核和记账3种状态。

	C	D	E	F	G	H	I	J	K	L	M
1	附件	摘要	总账科目编码	科目编码	总账科目	明细科目	借方金额	贷方金额	制单人	审核人	记账人
2	1	支付汇票	2201	2201	应付票据		80,000.00		仇多多	姜林	明宇
3	1	支付汇票	1002	100201	银行存款	工行		80,000.00	仇多多	姜林	明宇
4	1	采购原材料	1402	1402	在途物资		200,000.00		仇多多	姜林	
5	1	采购原材料	2221	22210102	应交税费	进项税额	26,000.00		仇多多	姜林	
6	1	采购原材料	1002	100201	银行存款	工行		226,000.00	仇多多	姜林	
7	1	材料验收入库	1403	1403	原材料		150,000.00		仇多多	姜林	
8	1	材料验收入库	1402	1402	在途物资			150,000.00	仇多多	姜林	
9	1	采购材料	1403	1403	原材料		115,000.00		仇多多		
10	1	采购材料	2221	22210102	应交税费	进项税额	14,950.00		仇多多		
11	1	采购材料	1002	100201	银行存款	工行	50.00		仇多多		
12	1	采购材料	1012	101203	其他货币资金	银行汇票		130,000.00	仇多多		

图2-20

任务六　生成总账、试算平衡表

总分类账，简称总账，是根据总分类科目即一级科目来开设账户，用来登记全部经济业务，进行总分类核算，提供总括核算资料的分类账簿。总分类账所提供的核算资料，是编制会计报表的主要依据，任何单位都必须设置总分类账。其项目应包括科目编码、科目名称、期初借贷余额、本期借贷发生额和期末借贷余额。资产类科目余额的计算公式为：

期末借方余额 = 期初借方余额 + 本期借方发生额 − 本期贷方发生额

负债及所有者权益类科目的计算公式为：

期末贷方余额 = 期初贷方余额 + 本期贷方发生额 − 本期借方发生额

试算平衡表是列有总分类账中所有账户及余额的简单表格。这份表格有助于检查记录的准确性和编制财务报表。试算平衡的基本公式为：

全部账户的借方期初余额合计数 = 全部账户的贷方期初余额合计数

全部账户的借方发生额合计 = 全部账户的贷方发生额合计

全部账户的借方期末余额合计 = 全部账户的贷方期末余额合计

在该任务中，用到的操作技巧是设置单元格格式"数值""边框""对齐"里的"自动换行"和"填充"，增加行和列，删除行和列，冻结窗格，行间计算，列间计算，填充公式，用格式刷和把柄拖拽方式实现单元格边框和填充的设置，以及函数 ABS、AUM、SUMIF 和 IF 的使用。

一、制作总账及试算平衡表

（1）复制"202009 会计科目及余额表"的 A1:D76 区域。

（2）单击"202009 总账及试算平衡表"A1 单元格，单击右键打开快捷菜单，选择"选择性粘贴"，打开"选择性粘贴"对话框，选择单选框"值和数字格式"后单击"确定"按钮。提示，不可以直接粘贴，否则会为后面删除埋下隐患。

5. 制作总账和试算平衡表

（3）删除所有二级科目和三级科目的行，因为此表的科目均为总账科目。

（4）单击 E1 单元格，输入"本期借方发生额合计"；单击 F1 单元格，输入"本期贷方发生额合计"；单击 G1 单元格，输入"期末借方余额"；单击 H1 单元格，输入"期末贷方余额"。

（5）用格式刷和把柄拖拽方式实现单元格边框和填充的设置。选中工作表"202009 会计科目及余额表"A1 单元格，单击"开始"选项卡下"剪贴板"分组里的"格式刷"后，拖选工作表"202009 总账及试算平衡表"A1:H1 单元格；选中 A2:H49 单元格设置边框。效果如图 2-21 所示。

	A	B	C	D	E	F	G	H
1	科目编辑	科目名称	期初借方余额	期初贷方余额	本期借方发生额合计	本期贷方发生额合计	期末借方余额	期末贷方余额
2	1001	库存现金	6 000					
3	1002	银行存款	2 880 000					
4	1012	其他货币资金	142 000					
5	1101	交易性金融资产	26 000					
6	1121	应收票据	226 000					
7	1122	应收账款	409 000					
8	1231	坏账准备		1 500				
9	1123	预付账款	110 000					
10	1221	其他应收款	4 000					
11	1402	在途物资	200 000					
12	1403	原材料	580 000					
13	1411	周转材料	124 000					
14	1405	库存商品	168 000					
15	1511	长期股权投资	300 000					

图 2-21

（6）设置公式：E2=SUMIF（'202009凭证'!$G:$G，B2,'202009凭证'!$I:$I）。其含义是，如果B2单元格里的内容与工作表"202009凭证"里F列单元格内的内容一致，就将该行对应的工作表"202009凭证"里H列该行的单元格求和。

（7）设置公式：F2=SUMIF（'202009凭证'!$F:$F，B2,'202009凭证'!$I:$I）。其含义是，如果B2单元格里的内容与工作表"202009凭证"里F列的单元格内的内容一致，就将该行对应的工作表"202009凭证"里I列同行的单元格求和。

（8）设置公式：G2=IF（（（C2-D2）+（E2-F2））>=0,（C2-D2）+（E2-F2），0）。其含义是，如果科目"库存现金"的借方期初余额减去贷方期初余额，再加上科目"库存现金"本期借方发生额合计减去本期贷方发生额合计大于或等于0，那么G2单元格的值就是科目"库存现金"的借方期初余额减去贷方期初余额，再加上科目"库存现金"本期借方发生额合计减去本期贷方发生额合计，即为（C2-D2）+（E2-F2），否则等于0。

"IF"函数是条件函数，属于逻辑函数。

其格式为：IF（条件，条件为真返回内容，条件为假返回内容）。

（9）设置公式：H2=IF（（（C2-D2）+（E2-F2））<0，ABS（（C2-D2）+（E2-F2）），0）。其含义是，如果科目"库存现金"的借方期初余额减去贷方期初余额，再加上科目"库存现金"本期借方发生额合计减去本期贷方发生额合计小于0，那么G2单元格的值就是科目"库存现金"的借方期初余额减去贷方期初余额，再加上科目"库存现金"本期借方发生额合计减去本期贷方发生额合计的绝对值，即为（C2-D2）+（E2-F2）算出结果的绝对值，否则等于0。

"ABS"函数是返回给定数值的绝对值函数，属于数学函数。

其格式为：ABS（给定数值）。

（10）选中E2：H2单元格，使用把柄拖拽方式，将E3：H48填充函数和公式完毕。

（11）设置公式：E49=SUM（E2：E48）；F49=SUM（F2：F48）；G49=SUM（G2：G48）；H49=SUM（H2：H48）。也可以只设置E48单元格公式，然后使用把柄拖拽方式实现其他单元格公式的填充。

（12）选择I2单元格，选择"视图"选项卡下"窗口"分组中的"冻结窗口"按钮中的"冻结首行"命令，将A1：H1区域及内容固定在原来的位置，不随行的翻动而隐藏。

完成以上步骤的操作，"202009总账及试算平衡表"的制作完毕，最终效果如图2-22所示。

	A	B	C	D	E	F	G	H
1	科目编辑	科目名称	期初借方余额	期初贷方余额	本期借方发生额合计	本期贷方发生额合计	期末借方余额	期末贷方余额
35	4104	利润分配		475 800				475 800
36	5001	生产成本			1 046 500	1 046 500		
37	5101	制造费用			102 500	102 500		
38	6001	主营业务收入			1 200 000	1 200 000		
39	6111	投资收益			4 000	4 000		
40	6401	主营业务成本			720 000	720 000		
41	6402	其他业务成本						
42	6403	税金及附加			10 335	10 335		
43	6601	销售费用			40 000	40 000		
44	6602	管理费用			53 667	53 667		
45	6603	财务费用			11 200	11 200		
46	6604	信用减值损失			2 500	2 500		
47	6711	营业外支出			18 600	18 600		
48	6801	所得税费用			86 925	86 925		
49		合计	11 537 000	11 537 000	10 606 853	10 606 853	11 638 150	11 638 150

图2-22

二、重算总账及试算平衡表

根据试算平衡的基本公式可知，全部账户的借方期初余额合计等于全部账户的贷方期初余额合计，即 C48=D48；全部账户的本期借方发生额合计等于全部账户的本期贷方发生额合计，即 E48=F48；全部账户的借方期末余额合计等于全部账户的贷方期末余额合计。即 G48=H48。

因为"202009 总账及试算平衡表"的结果与"202009 会计科目及余额表"和"202009 凭证"的数据密不可分，为了让所有表能够重算，可设置 Excel 的手动重算功能。

操作如下：

选择"文件"菜单中的"选项"命令，选择"公式"选项卡，在"计算选项"组中选择"手动重算"单选按钮和"保存工作簿前重新计算"复选框，如图 2-23 所示。

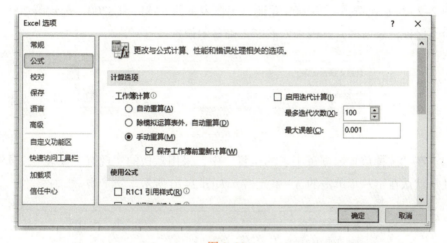

图 2-23

设置结束后，可直接按功能键 F9 重算所有工作表。

任务七　生成各类明细

在财务工作中为了分析和查看数据，可以通过数据透视表产生各类明细。

一、生成明细

（1）在工作表"202009 明细账"工作表里，单击 A3 单元格。

（2）单击"插入"选项卡下"表格"分组里的"数据透视表"按钮里的"数据透视表"命令。出现如图 2-24 所示对话框。

6. 生成明细

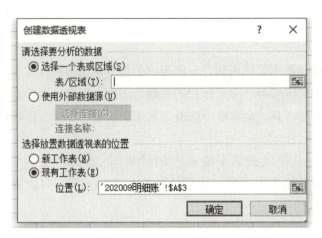

图 2-24

（3）单击如图 2-24 所示的"选择一个表或区域"文本框右侧带有红色标识的按钮，再如图 2-25 所示，选择"202009 凭证"工作表里的 $A$1：$L$200，选到第 200 条，目的是为了保证记录增多，透视表依然能正确显示信息。

图 2-25

（4）在"选择放置数据透视表的位置"中，采用默认的"现有工作表"，具体单元格地址是默认在第一步单击的 A3 单元格，如图 2-26 所示。

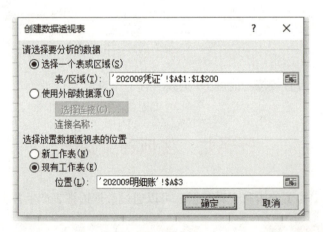

图 2-26

（5）单击"确定"按钮后，可对数据透视表的布局进行设置。数据透视表字段列表主要包括以下四个部分：报表筛选、列标签、行标签和Σ数值。报表筛选是报表的筛选条件；列标签是报表的列记录信息；行标签是报表的行记录信息；Σ数值是报表汇总和统计的数据源。如图 2-27 所示。

模块二　Excel 在账务处理中的应用

图 2-27

（6）如图 2-28 所示，将"选择要添加到报表的字段"里的"明细科目""凭证日期""类别编号""摘要""科目编码""总账科目""借方金额"和"贷方金额"分别拖拽到"报表筛选""行标签"和"Σ数值"里。此时透视表在左侧生成。

图 2-28

（7）选中透视表的任意一个单元格，单击右键找到"数据透视表选项"，可在"显示"里设置"经典数据透视表布局"，如图2-29所示。

图2-29

（8）为了让透视表看起来更直观，在菜单列的"设计"选项卡里，可对"布局"分组进行设置，如：在"分类汇总"按钮里选择"不显示分类汇总"命令等。如图2-30所示。

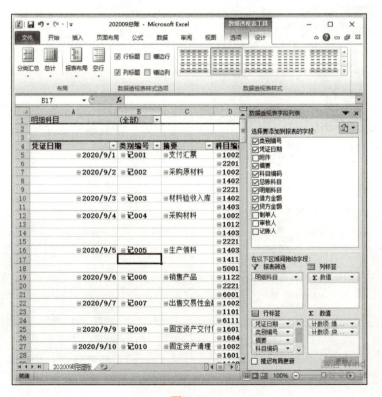

图2-30

（9）在 F4 单元格上单击右键，选择"值汇总依据"，可以设置"求和"等命令，也可单击界面右下角"Σ数值"右下方的折叠按钮，选择"值字段设置"进行设计。如图 2-31 所示。

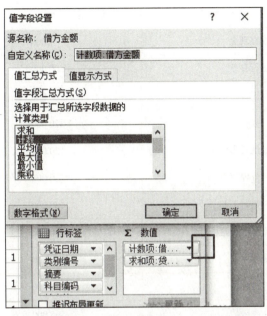

图 2-31

二、美化明细

透视表自动生成后，为了操作方便，看着舒服，列宽行高都需要重新调整。
系统默认的填充色也是专业操作员习惯的颜色，一般不需要进行修改设置。

本章小结 >>>>

本章介绍了使用 Excel 实现财务电算化的操作过程，对于一些没有专门购买财务软件的企业，可以运用 Excel 的公式函数进行建账、设置账户、输入期初余额、输入记账凭证、生成总账和明细账的操作，实现企业会计电算化。

实 训 >>>>

1. 实训目的
掌握 Excel 的账务处理流程。
2. 实训资料
仙人岛有限公司为增值税一般纳税人，主要生产轴承，增值税税率为 13%，所得税税率为 25%。材料核算采用先进先出法。2020 年 9 月 1 日的账户期初数据如表 2-2 所示。

表 2-2 账户期初数据

科目编码	科目名称	期初借方余额	期初贷方余额
1001	库存现金	1 000	
1002	银行存款	3 600 000	
100201	工行	2 280 000	
100202	建行	1 320 000	
1012	其他货币资金	120 000	
101201	外埠存款	20 000	
101203	银行汇票	100 000	
1101	交易性金融资产	300 000	
110101	成本	300 000	
1121	应收票据	113 000	
1122	应收账款	565 000	
112201	中泰公司	226 000	
112202	英伦郡电子公司	113 000	
112203	望海公司	226 000	
1231	坏账准备		2 200
1123	预付账款	113 000	
1221	其他应收款	5 800	
122101	王密	5 000	
112102	孟江	800	
1402	在途物资	226 000	
1403	原材料	588 000	
1411	周转材料	84 000	
141101	包装物	38 000	
141102	低值易耗品	46 000	
1405	库存商品	3 000 000	
1511	长期股权投资	500 000	

续表

科目编码	科目名称	期初借方余额	期初贷方余额
151101	股票投资	500 000	
1601	固定资产	5 605 000	
1602	累计折旧		560 000
1604	在建工程	2 400 000	
1606	固定资产清理		
1701	无形资产	900 000	
1702	累计摊销		80 000
1801	长期待摊费用	240 000	
2001	短期借款		500 000
2201	应付票据		226 000
2202	应付账款		1 130 000
2211	应付职工薪酬		210 000
221101	工资		210 000
221102	福利费		
2221	应交税费		216 000
222101	应交增值税		
22210101	销项税额		
22210102	进项税额		
22210103	已交税金		
222102	未交增值税		160 000
222103	应交所得税		40 000
222110	应交教育费附加		4 800
222111	应交城市维护建设税		11 200
2231	应付利息		
2241	其他应付款		789 000
2501	长期借款		2 200 000
250101	本金		2 200 000
250102	应付利息		

续表

科目编码	科目名称	期初借方余额	期初贷方余额
4001	实收资本		10 000 000
4002	资本公积		300 000
400201	资本溢价		300 000
4101	盈余公积		1 320 000
410101	法定盈余公积		1 320 000
4103	本年利润		
4104	利润分配		827 600
410401	未分配利润		827 600
5001	生产成本		
500101	基本生产成本		
500102	辅助生产成本		
5101	制造费用		
6001	主营业务收入		
6111	投资收益		
6401	主营业务成本		
6402	其他业务成本		
6403	税金及附加		
6601	销售费用		
6602	管理费用		
6603	财务费用		
6604	信用减值损失		
6711	营业外支出		
6801	所得税费用		
合计		18 360 800	18 360 800

该公司原材料月初库存量为588吨，2020年9月发生的具体业务如下：

（1）9月1日，收到工商银行通知，支付到期的商业承兑汇票100 000元。

（2）9月2日，购入原材料300吨，用工商银行存款支付货款300 000元，以及购入材料支付的增值税39 000元，款项已付，材料未到。

（3）9月3日，收到原材料一批，数量226吨，材料成本226 000元，材料已验收入库，货款已于上月支付。

（4）9月4日，上月办理的用银行汇票购入的材料110吨，材料价款110 000元，增值税14 300元，余款24 300元以工商银行存款支付，原材料已验收入库。

（5）9月5日，基本生产领用原材料700吨；材料总价款700 000元，车间领用计入产品成本的低值易耗品46 000元。

（6）9月6日，向中泰公司销售产品一批，销售价款500 000元，增值税65 000元，该批产品实际成本300 000元（月末结转），产品已发出，价款未收到。

（7）9月7日，公司将交易性金融资产（全部为股票）全部卖出，成本300 000元，卖价380 000元，存入工行。不考虑相关税费。

（8）9月8日，购入不需安装的设备1台，增值税专用发票注明价款100 000元，增值税13 000元，以建行存款支付。同时支付包装费、运费共1 100元，取得普通发票。价款及包装费、运费均通过建行存款支付。设备已交付使用。

（9）9月9日，一项在建工程完成，已办理竣工手续，交付生产使用，固定资产价值2 400 000元。

（10）9月11日，基本生产车间1台机床报废，原价260 000元，已计提折旧240 000元，支付清理费用1 000元，残值收入5 000元，均通过工商银行收支，不考虑相关税费。该项固定资产清理完毕。

（11）9月12日，归还短期借款本金200 000元，当月利息1 000元，由工行存款支付。

（12）9月13日，从工商银行提取现金210 000元，备发工资。

（13）9月14日，支付上月工资210 000元。

（14）9月15日，用工行存款交纳期初未交的相关税费216 000元。

（15）9月20日，收到中泰公司应收账款226 000元，存入工行。

（16）9月24日，发生职工福利费28 200元，其中生产人员福利费20 000元，车间管理人员福利费1 600元，行政管理部门福利费2 600元，在建工程人员福利费4 000元。

（17）9月25日，计提应计入当前的长期借款利息共11 000元。

（18）9月25日，销售产品一批，销售价款1 000 000元，应收增值税130 000元，销售产品的实际成本600 000元（月末结转），货款已经存入工商银行。

（19）9月30日，摊销无形资产7 500元。

（20）9月30日，计提固定资产折旧56 000元，其中计入制造费用46 000元；管理费用10 000元。

（21）9月30日，用工商银行存款支付产品展览费30 000元。

（22）9月30日，对中泰公司计提坏账准备3 000元。

（23）9月30日，分配本月职工工资210 000元，其中生产人员工资184 000元，车间管理人员工资 11 000 元；行政管理部门人员工资 15 000 元。

（24）9 月 30 日，将本期的制造费用结转计入生产成本。

（25）9 月 30 日，假设本月产品全部完工，计算并结转本期完工入库产品成本。

（26）9 月 30 日，开出工商银行转账支票一张，支付广告费 20 000 元。

（27）9 月 30 日，计提本期产品销售应交纳的教育费附加和城市维护建设费。

（28）9 月 30 日，结转本期已销产品成本。

（29）9 月 30 日，将各损益类科目结转计入本年利润。

（30）9 月 30 日，计算并结转应交所得税（不考虑纳税调整事项，税率为 25%）。

3. 实训要求

（1）建账。

启动 Excel，建立一个工作簿，新建工作表，依次命名为"封皮""202009 会计科目及余额表""202009 凭证""202009 总账及试算平衡表"和"202009 明细账"。

（2）设置账户。

设置账户，即建立一个"202009 会计科目及余额表"。

（3）输入期初余额。

在"202009 会计科目及余额表"中输入期初数据，并实现试算平衡。

（4）输入记账凭证。

输入记账凭证，即建立一个"202009 凭证"工作表，在此表中输入所有业务凭证。

（5）生成总账。

建立一个总账表，在此表中汇总所有凭证数据，并根据记账凭证自动生成总账。

（6）生成明细账。

建立一个明细账表，在此表中利用 Excel 的透视表功能自动生成明细账。

模块三

Excel 在报表编制中的应用

> **知识目标**
> - 了解科目汇总表的格式。
> - 了解资产负债表和利润表的结构。
> - 了解使用 Excel 编制资产负债表和利润表的步骤和方法。
>
> **能力目标**
> - 学会使用 Excel 建立科目汇总表和科目余额表。
> - 学会使用 Excel 编制资产负债表。
> - 学会使用 Excel 编制利润表。
>
> **素质目标**
> - 培养学生的分析能力。
> - 培养学生爱岗敬业、认真细致的工作作风。
> - 培养学生的全局观念和整体意识。

任务一　分析背景材料

一、背景资料

在本书模块二中，山海有限公司已经建立了 Excel 工作簿，利用 Excel 工具和函数实现了财务电算化，并对本期发生的业务进行了账务处理，生成了会计凭证。在模块三中我们继续沿用该企业的数据资料，进行会计报表编制的工作。

二、分析

若要完成山海公司 2020 年 9 月的会计报表编制工作，需分成以下几个步骤：

1. 建立科目汇总表和科目余额表

根据山海公司的数据资料，在项目二建立的工作簿"202009 总账"中，建立科目汇总表和科目余额表，包括建立往来款项明细科目余额表。

2. 编制资产负债表

定义公式，编制资产负债表。

3. 编制利润表

定义公式，编制利润表。

任务二　建立科目汇总表和科目余额表

一、建立科目汇总表

科目汇总表是将一定时期内的所有经济业务，根据相同的会计科目进行归类，定期汇总出每一个会计科目的本期借方发生额合计和本期贷方发生额合计的一种表格。科目汇总表一方面对一定时期发生的经济业务分门别类地进行汇总；另一方面，为编制会计报表提供数据。

1. 建立科目汇总表

1. 生成科目汇总表数据

科目汇总表的数据来源于会计凭证表，我们利用 Excel 的数据透视表功能将已形成的会计凭证表生成科目汇总表数据。具体操作步骤如下：

（1）打开工作簿"202009 总账"，单击工作表"202009 凭证"。

（2）单击数据清单中任意一个非空单元格，单击菜单栏的"插入"选项卡，选择"数据透视表"里的"数据透视表"，如图 3-1 所示。

图 3-1

（3）在弹出的如图 3-2 所示的对话框中进行设置。在"选择放置数据透视表的位置"中选择"新工作表"，单击"确定"。

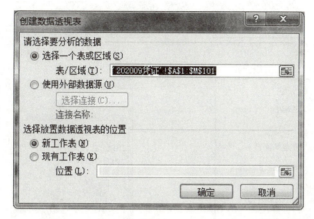

图 3-2

（4）将新插入的数据透视表所在的工作表命名为"科目汇总表"。

（5）在右方的"数据透视表字段列表"中，将"选择要添加到报表的字段"中的"总账科目编码""总账科目"依次拖拽到"行标签"中；把"借方金额""贷方金额"依次拖拽到"∑数值"中（由于软件版本不同，也可以在"行标签"中选择"总账科目编码""总账科目"；在"∑数值"中勾选"借方金额""贷方金额"）。操作后效果如图 3-3 所示。

（6）数值汇总方式为"求和"，可以通过单击如图 3-4 所示倒三角，进入"值字段设置"，如图 3-5 所示，对汇总方式进行选择。

（7）分别单击"行标签"中"总账科目编码"和"总账科目"右侧的倒三角，在弹出的选项中选择"字段设置"，如图 3-6 所示；再在弹出的如图 3-7 所示"字段设置"对话框中，在"分类汇总和筛选"中，选择"无"；在如图 3-8 所示"布局和打印"中，选择"以表格形式显示项目标签"，单击"确定"完成设置。

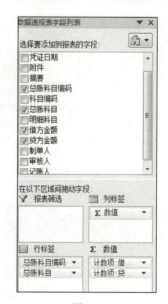

图 3-3

图 3-4

图 3-5

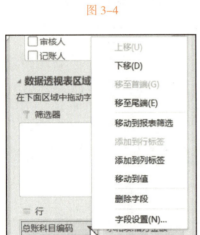

图 3-6

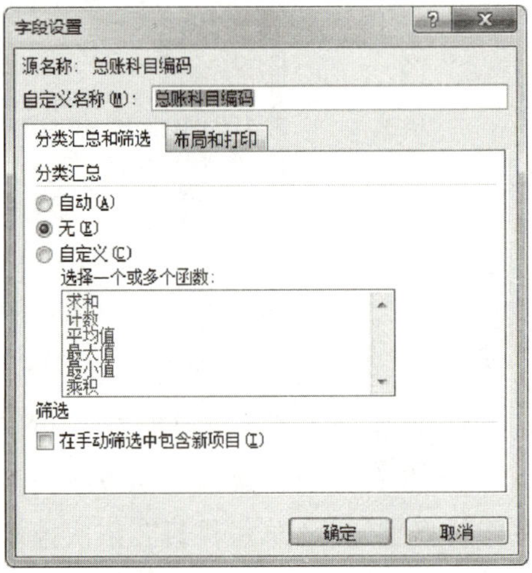

图 3-7

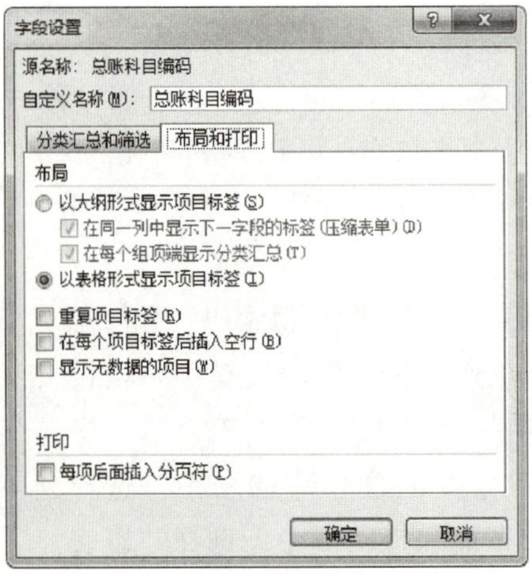

图 3-8

（8）生成的科目汇总表如图3-9所示。

	A	B	C	D
4	⊖1001	库存现金	480000	480000
5	⊖1002	银行存款	1136050	1203500
6	⊖1012	其他货币资金		130000
7	⊖1101	交易性金融资产		26000
8	⊖1122	应收账款	452000	200000
9	⊖1231	坏账准备		2500
10	⊖1402	在途物资	200000	150000
11	⊖1403	原材料	265000	610000
12	⊖1405	库存商品	1046500	720000
13	⊖1411	周转材料		60000
14	⊖1601	固定资产	1691100	210000
15	⊖1602	累计折旧	190000	120000
16	⊖1604	在建工程	220000	1600000
17	⊖1606	固定资产清理	20600	20600
18	⊖1702	累计摊销		6666.67
19	⊖2001	短期借款	100000	
20	⊖2201	应付票据	80000	
21	⊖2211	应付职工薪酬	303500	303500
22	⊖2221	应交税费	182650	253259.5825
23	⊖2231	应付利息		600
24	⊖2501	长期借款		10000
25	⊖4103	本年利润	943226.2525	1204000
26	⊖5001	生产成本	1046500	1046500
27	⊖5101	制造费用	102500	102500
28	⊖6001	主营业务收入	1200000	1200000
29	⊖6111	投资收益	4000	4000
30	⊖6401	主营业务成本	720000	720000
31	⊖6403	税金及附加	10335	10335
32	⊖6601	销售费用	40000	40000
33	⊖6602	管理费用	53666.67	53666.67
34	⊖6603	财务费用	11200	11200
35	⊖6604	信用减值损失	2500	2500
36	⊖6711	营业外支出	18600	18600
37	⊖6801	所得税费用	86924.5725	86924.5725
38	总计		10606852.51	10606852.51

图3-9

2. 科目汇总表数据的自动更新

生成的数据透视表中的数据，不能随意进行修改和变动，只能随着数据源数据的更新而更新。例如：

（1）在工作表"202009凭证"中增加一笔业务或改动金额。

（2）切换至科目汇总表工作表，单击鼠标右键，在弹出的快捷菜单中选择"刷新"，即可自动进行数据更新。

3. 美化科目汇总表

在已经生成的数据透视表的基础上，对科目汇总表进行美化和调整，具体步骤如下：

（1）选择A1单元格，输入"科目汇总表"，选定A1：D1单元格，进行合并居中，设置字体、字号和字形。效果如图3-10所示。

（2）将第二行删除后，为数据区域选择所有框线。最终效果如图3-11所示。

	A	B	C	D
1			科目汇总表	
2				
3	行标签	总账科目	求和项:借方金额	求和项:贷方金额
4	⊟1001	库存现金	480000	480000
5	⊟1002	银行存款	1136050	1203500
6	⊟1012	其他货币资金		130000
7	⊟1101	交易性金融资产		26000
8	⊟1122	应收账款	452000	200000

图 3-10

	A	B	C	D
1			科目汇总表	
2	行标签	总账科目	求和项:借方金额	求和项:贷方金额
3	⊟1001	库存现金	480000	480000
4	⊟1002	银行存款	1136050	1203500
5	⊟1012	其他货币资金		130000
6	⊟1101	交易性金融资产		26000
7	⊟1122	应收账款	452000	200000
8	⊟1231	坏账准备		2500
9	⊟1402	在途物资	200000	150000
10	⊟1403	原材料	265000	610000

图 3-11

二、建立科目余额表

1. 生成科目余额表

科目余额表是用来记录本期所有会计科目的发生额和余额的表格，它是科目汇总表的一种延伸，能够反映某一会计期间相关会计科目（账户）的期初余额、本期发生额、期末余额，为编制会计报表提供更完善的数据。模块二中已经建成了"202009 总账及试算平衡表"，可以在编制报表时直接引用，此处不再赘述。

2. 生成往来款项明细科目余额表

与此同时，我们需要建立往来款项明细科目余额表，即建立一个包含"应收账款""应付账款""预收账款""预付账款""坏账准备"所有明细科目的余额表。建立方法同"202009 总账及试算平衡表"一样。提示：二级科目和一级科目不同，导致函数的条件选区也不同。生成的往来款项明细科目余额表如图 3-12 所示。

	A	B	C	D	E	F	G	H
1				往来款项明细科目余额表				
2	科目编辑	科目名称	期初借方余额	期初贷方余额	本期借方发生额合计	本期贷方发生额合计	期末借方余额	期末贷方余额
3	1122	应收账款	409 000		452 000	200 000	661 000	
4	112201	松雅公司	148 000		452 000	200 000	400 000	
5	112202	语桐电子公司	151 000				151 000	
6	112203	明宇公司	110 000				110 000	
7	1231	坏账准备		1 500		2 500		4 000
8	1123	预付账款	110 000				110 000	
9	2202	应付账款		101 700				101 700
10								
11								

图 3-12

任务三 编制资产负债表

资产负债表反映企业某一特定日期的财务状况,是根据资产、负债和所有者权益之间的平衡关系,将日常经营活动的信息按照一定的规则加工而成的。我国的资产负债表采用账户式结构,如图 3-13 所示。

资产负债表

编制单位:　　　　　　　　　　　　　　　年　　月　　日　　　　　　　　　　会企 01 表
单位:元

资产	期末余额	上年年末余额	负债和所有者权益	期末余额	上年年末余额
流动资产:			流动负债:		
货币资金			短期借款		
交易性金融资产			交易性金融负债		
衍生金融资产			衍生金融负债		
应收票据			应付票据		
应收账款			应付账款		
应收款项融资			预收款项		
预付款项			合同负债		
其他应收款			应付职工薪酬		
存货			应交税费		
合同资产			其他应付款		
持有待售资产			持有待售负债		
一年内到期的非流动资产			一年内到期的非流动负债		
其他流动资产			其他流动负债		
流动资产合计			流动负债合计		
非流动资产:			非流动负债:		
债权投资			长期借款		
其他债权投资			应付债券		
长期应收款			其中:优先股		
长期股权投资			永续债		
其他权益工具投资			租赁负债		
其他非流动金融资产			长期应付款		
投资性房地产			预计负债		

图 3-13

固定资产			递延收益		
在建工程			递延所得税负债		
生产性生物资产			其他非流动负债		
油气资产			非流动负债合计		
使用权资产			负债合计		
无形资产			所有者权益:		
开发支出			实收资本		
商誉			其他权益工具		
长期待摊费用			其中:优先股		
递延所得税资产			永续债		
其他非流动资产			资本公积		
非流动资产合计			减:库存股		
			其他综合收益		
			专项储备		
			盈余公积		
			未分配利润		
			所有者权益合计		
资产总计			负债和所有者权益总计		

图 3-13（续）

一、设计资产负债表的格式

资产负债表的账户式结构根据"资产 = 负债 + 所有者权益"将表分成左右两方，左方表示资产，右方表示负债和所有者权益，按照构成项目的流动性或要求清偿的时间从上至下排列。

2. 资产负债表的格式

设置步骤为：

（1）新建工作表，命名为"资产负债表"。

（2）在 B1 单元格输入标题"资产负债表"，选择 B1:G1 单元格进行合并居中，设置标题格式。

（3）选择 G2 单元格，输入"会企 01 表"，并设置格式；选择 B3 单元格，输入"编制单位：辽宁山海公司"，并设置格式。

（4）选择 C3:F3 单元格，单击"合并后居中"按钮，输入"2020 年 9 月 30 日"，并设置格式。

（5）在 G3 单元格中输入"单位：元"，并设置格式。

（6）在 B4:G4 单元格中分别输入"资产""期末余额""上年年末余额""负债和所有者权益""期末余额""上年年末余额"，并设置格式。

（7）在资产负债表中录入"资产""负债和所有者权益"各报表项目名称。

（8）设置资产负债表单元格边框格式，并调整报表项目列宽、对齐（靠左缩进1、2或3）等格式，生成如图3-14所示的资产负债表。

	A	B	C	D	E	F	G
1				资产负债表			
2							会企01表
3		编制单位：辽宁山海公司		2020年 9月 30日			单位：元
4		资产	期末余额	上年年末余额	负债和所有者权益	期末余额	上年年末余额
5		流动资产：			流动负债：		
6		货币资金			短期借款		
7		交易性金融资产			交易性金融负债		
8		衍生金融资产			衍生金融负债		
9		应收票据			应付票据		
10		应收账款			应付账款		
11		应收款项融资			预收款项		
12		预付款项			合同负债		
13		其他应收款			应付职工薪酬		
14		存货			应交税费		
15		合同资产			其他应付款		
16		持有待售资产			持有待售负债		
17		一年内到期的非流动资产			一年内到期的非流动负债		
18		其他流动资产			其他流动负债		
19		流动资产合计			流动负债合计		
20		非流动资产：			非流动负债：		
21		债权投资			长期借款		
22		其他债权投资			应付债券		
23		长期应收款			其中：优先股		
24		长期股权投资			永续债		
25		其他权益工具投资			租赁负债		
26		其他非流动金融资产			长期应付款		
27		投资性房地产			预计负债		
28		固定资产			递延收益		
29		在建工程			递延所得税负债		
30		生产性生物资产			其他非流动负债		
31		油气资产			非流动负债合计		
32		使用权资产			负债合计		
33		无形资产			所有者权益：		
34		开发支出			实收资本		
35		商誉			其他权益工具		
36		长期待摊费用			其中：优先股		
37		递延所得税资产			永续债		
38		其他非流动资产			资本公积		
39		非流动资产合计			减：库存股		
40					其他综合收益		
41					专项储备		
42					盈余公积		
43					未分配利润		
44					所有者权益合计		
45		资产总计			负债和所有者权益总计		

图 3-14

二、按步骤编制资产负债表

资产负债表需要在科目余额表的基础上编制而成，需要根据各会计科目的余额或发生额进行分析填列。资产负债表的上年年末余额即本年年初余额，可以直接从上一期资产负债表中获得，此处不再赘述。

1. 资产负债表各报表项目的数据来源

资产负债表各报表项目的数据来源主要有以下几种：

1）根据总账账户余额填列。

（1）根据总账科目的期末余额填列，如"短期借款""资本公积"等项目。

（2）根据几个总账科目的期末余额计算填列，如"货币资金"项目，需根据"库存现金""银行存款""其他货币资金"三个总账科目的期末余额合计数填列。

2）根据明细账科目余额计算填列。

（1）"应收账款"项目，需要根据"应收账款"和"预收账款"科目所属各明细科目的期末借方余额减去与"应收账款"和"预收账款"有关的坏账准备贷方余额计算填列。

（2）"预付款项"项目，需要根据"预付账款"和"应付账款"科目所属各明细科目的期末借方余额减去与"预付账款"和"应付账款"有关的坏账准备贷方余额计算填列。

（3）"应付账款"项目，需要根据"应付账款"和"预付账款"科目所属各明细科目的期末贷方余额合计数填列。

（4）"预收款项"项目，需要根据"预收账款"和"应收账款"科目所属各明细科目的期末贷方余额合计数填列。

（5）"开发支出"项目，需要根据"研发支出"科目中所属的"资本化支出"明细科目期末余额计算填列。

（6）"一年内到期的非流动资产""一年内到期的非流动负债"项目，需要根据有关非流动资产和非流动负债项目的明细科目余额计算填列。

（7）"未分配利润"项目，需要根据"利润分配"科目中所属的"未分配利润"明细科目期末余额填列。

3）根据总账科目和明细账科目余额分析计算填列。

（1）"长期借款"项目，需要根据"长期借款"总账科目余额扣除"长期借款"科目所属的明细科目中将在一年内到期且企业不能自主地将清偿义务展期的长期借款后的金额计算填列。

（2）"其他非流动资产"项目，根据有关科目的期末余额减去将于一年内（含一年）收回数后的金额计算填列。

（3）"其他非流动负债"项目，应根据有关科目的期末余额减去将于一年内（含一年）到期偿还数后的金额计算填列。

4）根据有关科目余额减去其备抵科目余额后的净额填列。

（1）资产负债表中"应收票据""长期股权投资""在建工程"等项目，应当根据"应收账款""长期股权投资""在建工程"等科目的期末余额减去"坏账准备""长期股权投资减值准备""在建工程减值准备"等备抵科目余额后的净额填列。

（2）"固定资产"项目，应当根据"固定资产"科目的期末余额，减去"累计折旧""固定资产减值准备"等备抵科目的期末余额，以及"固定资产清理"科目期末余额后的净额填列。

（3）"无形资产"项目，应当根据"无形资产"科目的期末余额，减去"累计摊销""无形资产减值准备"等备抵科目余额后的净额填列。

5）综合运用上述填列方法分析填列。

如资产负债表中的"存货"项目,需要根据"原材料""库存商品""委托加工物资""周转材料""材料采购""在途物资""发出商品""材料成本差异"等总账科目期末余额的分析汇总数,再减去"存货跌价准备"科目余额后的净额填列。

2. 编制资产负债表

按照各项目数据来源方式,可以采用数据链接直接引用方式,引用科目余额表、明细分类账等工作表的相关数据进行资产负债表的编制,也可以采用 SUMIF 和 VLOOKUP 等函数间接调用其他工作表的相关数据进行资产负债表的编制。本例采用直接引用方法,操作步骤如下:

(1)打开科目余额表和资产负债表。

(2)选择资产负债表中的 C6 单元格,即"货币资金"项目的期末余额,输入"="。

(3)将界面切换到科目余额表中,单击单元格 G2,输入"+",再单击 G3,输入"+",再单击 G4 单元格。操作结果如图 3-15 所示。

图 3-15

按下"Enter"键,界面自动切换到资产负债表,并显示 C6 单元格的计算结果 2980550,如图 3-16 所示。

图 3-16

此时显示 C6 单元格的计算公式为:C6='202009 总账及试算平衡表'!G2+'202009 总账及试算平衡表'!G3+'202009 总账及试算平衡表'!G4

(4)参照步骤(2)和(3)的方法,结合资产负债表各个报表项目的数据来源方式,将每个项目的公式设置完成,产生相应的计算结果。

(5)单元格 C19 录入求和公式,对流动资产项目求和;单元格 C39 录入求和公式,对非流动资产项目进行求和,单元格 C45 录入"=C19+C39",求出资产总计。

(6)单元格 F19、F31 分别录入求和公式,对流动负债和非流动负债项目进行求和,单元格 F32 录入"=F19+F31",求出负债合计。

（7）单元格 F44 录入"=F34+F35+F38-F39+F40+F41+F42+F43"，对所有者权益求出合计数。单元格 F45 录入"=F32+F44"，求出负债和所有者权益总计。

（8）查看资产负债表的"资产总计"和"负债和所有者权益总计"是否相等，如果相等，则完成资产负债表设置，如图 3-17 所示。如果不相等，需要检查各个项目的公式设置情况。

			专项储备	
			盈余公积	250 000
			未分配利润	736 574
			所有者权益合计	8 086 574
资产总计	11 117 483		负债和所有者权益总计	11 117 483

图 3-17

（9）采用同样的方法，用"202009 总账及试算平衡表"的期初余额设置上年年末余额，编制完成的资产负债表如图 3-18 所示。

资产负债表

编制单位：辽宁山海公司　　　2020年 9月 30日　　　　　　　　　会企01表　单位：元

资产	期末余额	上年年末余额	负债和所有者权益	期末余额	上年年末余额
流动资产：			流动负债：		
货币资金	2 980 550	3 178 000	短期借款	200 000	300 000
交易性金融资产		26 000	交易性金融负债		
衍生金融资产			衍生金融负债		
应收票据	226 000	226 000	应付票据	200 000	280 000
应收账款	657 000	407 500	应付账款	101 700	101 700
应收款项融资			预收款项		
预付款项	110 000	110 000	合同负债		
其他应收款	4 000	4 000	应付职工薪酬	260 000	260 000
存货	2 555 500	2 584 000	应交税费	200 610	130 000
合同资产			其他应付款	58 600	58 000
持有待售资产			持有待售负债		
一年内到期的非流动资产			一年内到期的非流动负债		
其他流动资产			其他流动负债		
流动资产合计	6 533 050	6 535 500	流动负债合计	1 020 910	1 129 700
非流动资产：			非流动负债：		
债权投资			长期借款	2 010 000	2 000 000
其他债权投资			应付债券		
长期应收款			其中：优先股		
长期股权投资	300 000	300 000	永续债		
其他权益工具投资			租赁负债		
其他非流动金融资产			长期应付款		
投资性房地产			预计负债		
固定资产	3 151 100	1 600 000	递延收益		
在建工程	220 000	1 600 000	递延所得税负债		
生产性生物资产			其他非流动负债		
油气资产			非流动负债合计	2 010 000	2 000 000
使用权资产			负债合计	3 030 910	3 129 700
无形资产	713 333	720 000	所有者权益：		
开发支出			实收资本	6 600 000	6 600 000
商誉			其他权益工具		
长期待摊费用	200 000	200 000	其中：优先股		
递延所得税资产			永续债		
其他非流动资产			资本公积	500 000	500 000
非流动资产合计	4 584 433	4 420 000	减：库存股		
			其他综合收益		
			专项储备		
			盈余公积	250 000	250 000
			未分配利润	736 574	475 800
			所有者权益合计	8 086 574	7 825 800
资产总计	11 117 483	10 955 500	负债和所有者权益总计	11 117 483	10 955 500

图 3-18

具体公式和函数如下：

C6='202009 总账及试算平衡表'!G2+'202009 总账及试算平衡表'!G3+'202009 总账及试算平衡表'!G4

C9='202009 总账及试算平衡表'!G6

C10= 往来款项明细科目余额表 !G4+ 往来款项明细科目余额表 !G5+ 往来款项明细科目余额表 !G6– 往来款项明细科目余额表 !H7

C12= 往来款项明细科目余额表 !G8

C13='202009 总账及试算平衡表'!G10

C14='202009 总账及试算平衡表'!G11+'202009 总账及试算平衡表'!G12+'202009 总账及试算平衡表'!G13+'202009 总账及试算平衡表'!G14

C19=SUM（C6：C18）

C24='202009 总账及试算平衡表'!G15

C28='202009 总账及试算平衡表'!G16–'202009 总账及试算平衡表'!H17

C29='202009 总账及试算平衡表'!G18

C33='202009 总账及试算平衡表'!G20–'202009 总账及试算平衡表'!H21

C36='202009 总账及试算平衡表'!G22

C39=SUM（C21：C38）

C45=C19+C39

D6='202009 总账及试算平衡表'!C2+'202009 总账及试算平衡表'!C3+'202009 总账及试算平衡表'!C4

D7='202009 总账及试算平衡表'!C5

D9='202009 总账及试算平衡表'!C6

D10= 往来款项明细科目余额表 !C4+ 往来款项明细科目余额表 !C5+ 往来款项明细科目余额表 !C6– 往来款项明细科目余额表 !D7

D12= 往来款项明细科目余额表 !C8

D13='202009 总账及试算平衡表'!C10

D14='202009 总账及试算平衡表'!C11+'202009 总账及试算平衡表'!C12+'202009 总账及试算平衡表'!C13+'202009 总账及试算平衡表'!C14

D19=SUM（D6：D18）

D24='202009 总账及试算平衡表'!C15

D28='202009 总账及试算平衡表'!C16–'202009 总账及试算平衡表'!D17

D29='202009 总账及试算平衡表'!C18

D33='202009 总账及试算平衡表'!C20–'202009 总账及试算平衡表'!D21

D36='202009 总账及试算平衡表'!C22

D39=SUM（D21：D38）

D45=D19+D39

F6='202009 总账及试算平衡表'!H23

F9='202009 总账及试算平衡表'!H24

F10=往来款项明细科目余额表!H9

F13='202009 总账及试算平衡表'!H26

F14='202009 总账及试算平衡表'!H27

F15='202009 总账及试算平衡表'!H28+'202009 总账及试算平衡表'!H29

F19=SUM（F6：F18）

F21='202009 总账及试算平衡表'!H30

F31=SUM（F21：F30）

F32=F19+F31

F34='202009 总账及试算平衡表'!H31

F38='202009 总账及试算平衡表'!H32

F42='202009 总账及试算平衡表'!H33

F43='202009 总账及试算平衡表'!H34+'202009 总账及试算平衡表'!H35

F44=F34+F35+F38−F39+F40+F41+F42+F43

F45=F32+F44

G6='202009 总账及试算平衡表'!D23

G9='202009 总账及试算平衡表'!D24

G10=往来款项明细科目余额表!D9

G13='202009 总账及试算平衡表'!D26

G14='202009 总账及试算平衡表'!D27

G15='202009 总账及试算平衡表'!D29

G19=SUM（G6：G18）

G21='202009 总账及试算平衡表'!D30

G31=SUM（G21：G30）

G32=G19+G31

G34='202009 总账及试算平衡表'!D31

G38='202009 总账及试算平衡表'!D32

G42='202009 总账及试算平衡表'!D33

G43='202009 总账及试算平衡表'!D35

G44=G34+G35+G38−G39+G40+G41+G42+G43

G45=G32+G44

任务四　编制利润表

利润表，又称损益表，是反映企业在一定会计期间经营成果的报表。

一、设计利润表的结构

1. 利润表的格式

我国的利润表采用多步式格式，如图 3-19 所示。

利润表

编制单位：　　　　　　　　　　　　　　　年　　月　　日

会企 02 表
单位：元

项目	本期金额	上期金额
一、营业收入		
减：营业成本		
税金及附加		
销售费用		
管理费用		
研发费用		
财务费用		
其中：利息费用		
利息收入		
加：其他收益		
投资收益（损失以"-"号填列）		
其中：对联营企业和合营企业的投资收益		
以摊余成本计量的金融资产终止确认收益（损失以"-"号填列）		
净敞口套期收益（损失以"-"号填列）		
公允价值变动收益（损失以"-"号填列）		
信用减值损失（损失以"-"号填列）		
资产减值损失（损失以"-"号填列）		
资产处置收益（损失以"-"号填列）		
二、营业利润（亏损以"-"号填列）		

图 3-19

加：营业外收入		
减：营业外支出		
三、利润总额（亏损总额以"-"号填列）		
减：所得税费用		
四、净利润（净亏损以"-"号填列）		
（一）持续经营净利润（净亏损以"-"号填列）		
（二）终止经营净利润（净亏损以"-"号填列）		
五、其他综合收益的税后净额		
（一）不能重分类进损益的其他综合收益		
1. 重新计量设定受益计划变动额		
2. 权益法下不能转损益的其他综合收益		
3. 其他权益工具投资公允价值变动		
4. 企业自身信用风险公允价值变动		
……		
（二）将重分类进损益的其他综合收益		
1. 权益法下可转损益的其他综合收益		
2. 其他债权投资公允价值变动		
3. 金融资产重分类计入其他综合收益的金额		
4. 其他债权投资信用减值准备		
5. 现金流量套期		
6. 外币财务报表折算差额		
……		
六、综合收益总额		
七、每股收益		
（一）基本每股收益		
（二）稀释每股收益		

图 3-19（续）

2. 设计利润表的操作步骤

（1）新建工作表，命名为"利润表"。

（2）选择 B1：D1 单元格，单击"合并后居中"按钮，输入"利润表"，并设置其格式。

（3）在 D2 单元格中输入"会企 02 表"，并设置其格式。

（4）在 B3 单元格中输入"编制单位：辽宁山海公司"和"2020 年 9 月"，选择

B3：C3 单元格区域，单击"合并后居中"按钮，并调整其格式。在 D3 单元格输入"单位：元"，并设置其格式。

（5）在 B4～D4 单元格依次录入"项目""本期金额"和"上期金额"，并调整其格式。

（6）在利润表中依次录入各项目名称，并设置格式。

（7）设置利润表单元格边框格式，并调整报表项目列宽、对齐等格式，生成如图 3-20 所示的利润表。

	A	B	C	D
1		利润表		
2				会企02表
3		编制单位：辽宁山海公司　　　　　2020年　　9月		单位：元
4		项目	本期金额	上期金额
5		一、营业收入		
6		减：营业成本		
7		税金及附加		
8		销售费用		
9		管理费用		
10		研发费用		
11		财务费用		
12		其中：利息费用		
13		利息收入		
14		加：其他收益		
15		投资收益（损失以"-"号填列）		
16		其中：对联营企业和合营企业的投资收益		
17		以摊余成本计量的金融资产终止确认收益（损失以"-"号填列）		
18		净敞口套期收益（损失以"-"号填列）		
19		公允价值变动收益（损失以"-"号填列）		
20		信用减值损失（损失以"-"号填列）		
21		资产减值损失（损失以"-"号填列）		
22		资产处置收益（损失以"-"号填列）		
23		二、营业利润（亏损以"-"号填列）		
24		加：营业外收入		
25		减：营业外支出		
26		三、利润总额（亏损总额以"-"号填列）		
27		减：所得税费用		
28		四、净利润（净亏损以"-"号填列）		
29		（一）持续经营净利润（净亏损以"-"号填列）		
30		（二）终止经营净利润（净亏损以"-"号填列）		
31		五、其他综合收益的税后净额		
32		（一）不能重分类进损益的其他综合收益		
33		1. 重新计量设定受益计划变动额		
34		2. 权益法下不能转损益的其他综合收益		
35		3. 其他权益工具投资公允价值变动		
36		4. 企业自身信用风险公允价值变动		
37		……		
38		（二）将重分类进损益的其他综合收益		
39		1. 权益法下可转损益的其他综合收益		
40		2. 其他债权投资公允价值变动		
41		3. 金融资产重分类计入其他综合收益的金额		
42		4. 其他债权投资信用减值准备		
43		5. 现金流量套期		
44		6. 外币财务报表折算差额		
45		……		
46		六、综合收益总额		
47		七、每股收益		
48		（一）基本每股收益		
49		（二）稀释每股收益		

图 3-20

二、按步骤编制利润表

编制利润表同样需要科目余额表的数据，因为损益类账户期末结转后没有余额，需要根据科目余额表中的本期发生额数据编制。编制利润表也采用直接调用的方法。具体步骤为：

（1）打开利润表工作表，选择 C5 单元格，输入"="。

（2）直接将界面切换至"202009 总账及试算平衡表"中，单击单元格 F38，按下"Enter"键，自动切换回利润表，即可显示计算结果 1 200 000，并显示公式为 C5='202009 总账及试算平衡表'!F38。如图 3-21 所示。

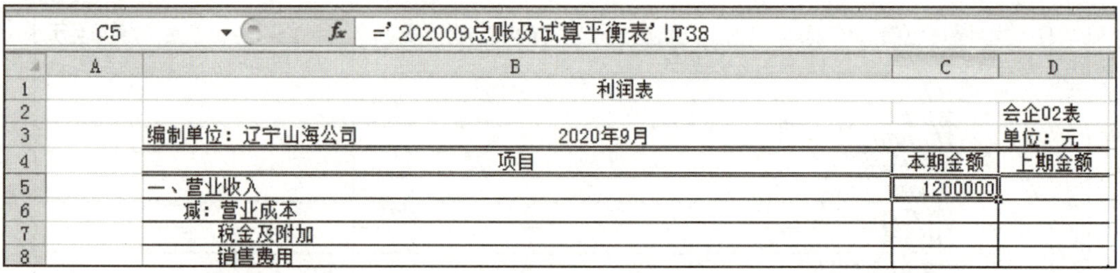

图 3-21

（3）参照步骤（1）和（2），结合利润表各个报表项目数据来源方式，将每个项目的公式设置完成，产生相对的计算结果。所用公式如下：

C6='202009 总账及试算平衡表'!E40+'202009 总账及试算平衡表'!E41

C7='202009 总账及试算平衡表'!E42

C8='202009 总账及试算平衡表'!E43

C9='202009 总账及试算平衡表'!E44

C11='202009 总账及试算平衡表'!E45

C12、C13 需要对"202009 凭证"中的业务分析填列，本例中 C12=SUMIF（'202009 凭证'!G2：G86,'202009 凭证'!G57,'202009 凭证'!I2：I86）

C13=SUMIF（'202009 凭证'!G2：G86,'202009 凭证'!G57,'202009 凭证'!J2：J86）

C15='202009 总账及试算平衡表'!F39

C20=-'202009 总账及试算平衡表'!E46

C25='202009 总账及试算平衡表'!E47

C27='202009 总账及试算平衡表'!E48

（4）选择 C23 单元格，录入"=C5-C6-C7-C8-C9-C10-C11+C14+C15+C18+C19+C20+C21+C22"，计算出营业利润结果。

（5）选择 C26 单元格，录入"=C23+C24-C25"，计算出利润总额的结果。

（6）选择 C28 单元格，录入"=C26-C27"，计算出净利润。

（7）选择 C46 单元格，录入"=C28+C31"，计算出综合收益总额数值。

（8）利润表的上期金额可以从上一期的科目余额表中引用，也可以从上一期利润表的"本期金额"中直接调用，此处不再赘述。至此完成利润表本期金额的编制，如图 3-22 所示。

	A	B	C	D
1		利润表		
2				会企02表
3	编制单位：辽宁山海公司	2020 年 9 月		单位：元
4		项目	本期金额	上期金额
5		一、营业收入	1 200 000	
6		减：营业成本	720 000	
7		税金及附加	10 335	
8		销售费用	40 000	
9		管理费用	53 667	
10		研发费用		
11		财务费用	11 200	
12		其中：利息费用	11 200	
13		利息收入		
14		加：其他收益		
15		投资收益（损失以"-"号填列）	4 000	
16		其中：对联营企业和合营企业的投资收益		
17		以摊余成本计量的金融资产终止确认收益（损失以"-"号填列）		
18		净敞口套期收益（损失以"-"号填列）		
19		公允价值变动收益（损失以"-"号填列）		
20		信用减值损失（损失以"-"号填列）	- 2 500	
21		资产减值损失（损失以"-"号填列）		
22		资产处置收益（损失以"-"号填列）		
23		二、营业利润（亏损以"-"号填列）	366 298	
24		加：营业外收入		
25		减：营业外支出	18 600	
26		三、利润总额（亏损总额以"-"号填列）	347 698	
27		减：所得税费用	86 925	
28		四、净利润（净亏损以"-"号填列）	260 774	
29		（一）持续经营净利润（净亏损以"-"号填列）		
30		（二）终止经营净利润（净亏损以"-"号填列）		
31		五、其他综合收益的税后净额		
32		（一）不能重分类进损益的其他综合收益		
33		1. 重新计量设定受益计划变动额		
34		2. 权益法下不能转损益的其他综合收益		
35		3. 其他权益工具投资公允价值变动		
36		4. 企业自身信用风险公允价值变动		
37		……		
38		（二）将重分类进损益的其他综合收益		
39		1. 权益法下可转损益的其他综合收益		
40		2. 其他债权投资公允价值变动		
41		3. 金融资产重分类计入其他综合收益的金额		
42		4. 其他债权投资信用减值准备		
43		5. 现金流量套期		
44		6. 外币财务报表折算差额		
45		……		
46		六、综合收益总额	260 774	
47		七、每股收益		
48		（一）基本每股收益		
49		（二）稀释每股收益		

图 3-22

本章小结

本章介绍了如何使用 Excel 编制会计报表。首先分析企业资料，根据需求，然后建立科目汇总表和科目余额表，编制资产负债表和编制利润表。

实训

1. 实训目的

学会用 Excel 编制资产负债表和利润表。

2. 实训资料

仙人岛有限公司已经建立了 Excel 工作簿,利用 Excel 工具和函数实现了财务电算化,并对本期发生的业务进行了账务处理,生成了会计凭证。本实训继续沿用模块二实训中该企业的数据资料。

3. 实训要求

(1)建立科目汇总表。

(2)建立往来款项明细科目余额表。

(3)编制资产负债表。

(4)编制利润表。

模块四

Excel 在工资管理中的应用

> **知识目标**
> - 了解工资管理系统项目设置。
> - 了解工资结算单的设置逻辑。
> - 了解应用 Excel 进行工资管理的步骤和方法。
>
> **能力目标**
> - 学会使用 Excel 建立工资管理系统基本项目。
> - 学会使用 Excel 生成职工工资结算单。
> - 学会使用 Excel 制作工资条,生成职工工资汇总表。
>
> **素质目标**
> - 培养学生共享和关联数据的意识。
> - 培养学生通过工资核算系统了解企业管理的内涵,提高对企业的管理意识和责任意识。
> - 培养学生踏实肯干、耐心热情的服务意识。

任务一　分析背景材料

一、背景资料

山海有限公司决定运用 Excel 工具和函数构建其工资管理系统，该企业 2020 年 3 月有关工资管理的基本资料如表 4-1 ~ 表 4-10 所示。

表 4-1　职工基本情况表

编号	姓名	部门	职务	职称	性别	参加工作时间
1001	杜喜冰	企划	主任	工程师	男	2005-08-03
1002	李纪召	企划	企划人员	助理工程师	女	2013-08-06
1003	刘雨晴	企划	企划人员	助理工程师	女	2014-08-01
2001	张丹	设计	经理	工程师	女	2008-02-06
2002	青海	设计	设计人员	助理工程师	男	2015-02-05
3001	张永鑫	销售	销售经理	工程师	男	2004-08-03
3002	杨圣	销售	销售人员	助理工程师	男	2014-04-23
3003	陈铎	销售	销售人员	助理工程师	男	2015-02-05
4001	王一铭	生产	生产经理	工程师	男	2004-08-03
4002	赵明阳	生产	生产人员	助理工程师	男	2013-06-10

表 4-2　职工基本工资表

编号	姓名	部门	岗位工资	薪级工资	浮动工资	基本工资
1001	杜喜冰	企划	11 150.00	1 500.00	200.00	
1002	李纪召	企划	4 500.00	900.00	200.00	
1003	刘雨晴	企划	4 020.00	1 000.00	300.00	
2001	张丹	设计	5 000.00	1 000.00	200.00	
2002	青海	设计	4 000.00	800.00	200.00	
3001	张永鑫	销售	4 020.00	1 000.00	300.00	
3002	杨圣	销售	4 000.00	1 500.00	300.00	
3003	陈铎	销售	5 000.00	700.00	200.00	
4001	王一铭	生产	4 500.00	1 500.00	300.00	
4002	赵明阳	生产	4 000.00	1 000.00	300.00	

注：本公司职工基本工资由岗位工资、薪级工资和浮动工资三部分组成。

表 4-3 职工福利表

编号	姓名	部门	住房补贴	伙食补贴	交通补贴	合计
1001	杜喜冰	企划	500.00	200.00	80.00	
1002	李纪召	企划	500.00	200.00	80.00	
1003	刘雨晴	企划	400.00	200.00	80.00	
2001	张丹	设计	400.00	200.00	80.00	
2002	青海	设计	400.00	200.00	80.00	
3001	张永鑫	销售	400.00	200.00	80.00	
3002	杨圣	销售	500.00	200.00	80.00	
3003	陈铎	销售	400.00	200.00	80.00	
4001	王一铭	生产	500.00	200.00	80.00	
4002	赵明阳	生产	400.00	200.00	80.00	

表 4-4 职工社会保险表

编号	姓名	部门	养老保险	失业保险	医疗保险	合计
1001	杜喜冰	企划	245.00	35.00	60.00	
1002	李纪召	企划	233.00	30.00	55.00	
1003	刘雨晴	企划	165.00	23.00	45.00	
2001	张丹	设计	174.00	21.00	45.00	
2002	青海	设计	174.00	21.00	45.00	
3001	张永鑫	销售	200.00	33.00	45.00	
3002	杨圣	销售	180.00	30.00	55.00	
3003	陈铎	销售	165.00	30.00	45.00	
4001	王一铭	生产	180.00	18.00	55.00	
4002	赵明阳	生产	174.00	22.00	45.00	

表 4-5 职工考勤表

编号	姓名	部门	病假天数	事假天数	扣款合计
1001	杜喜冰	企划			
1002	李纪召	企划			
1003	刘雨晴	企划	2		
2001	张丹	设计			
2002	青海	设计			

续表

编号	姓名	部门	病假天数	事假天数	扣款合计
3001	张永鑫	销售		3	
3002	杨圣	销售	1		
3003	陈铎	销售			
4001	王一铭	生产	4		
4002	赵明阳	生产		2	

注：请假扣款计算公式：扣款合计=100×（病假天数+事假天数）。

表4-6　职工业绩考核表

编号	姓名	部门	销售业绩额	绩效奖金
1001	杜喜冰	企划		
1002	李纪召	企划		
1003	刘雨晴	企划		
2001	张丹	设计		
2002	青海	设计		
3001	张永鑫	销售	700 000.00	7 000.00
3002	杨圣	销售	500 000.00	5 000.00
3003	陈铎	销售	200 000.00	2 000.00
4001	王一铭	生产		
4002	赵明阳	生产		

表4-7　职工应发工资汇总表

编号	姓名	部门	1月	2月	3月	……	应发工资合计
1001	杜喜冰	企划	13 290.00	13 290.00			
1002	李纪召	企划	5 767.00	5 767.00			
1003	刘雨晴	企划	5 622.00	5 422.00			
2001	张丹	设计	6 062.00	6 062.00			
2002	青海	设计	6 740.00	6 740.00			
3001	张永鑫	销售	13 215.00	13 215.00			
3002	杨圣	销售	10 000.00	11 000.00			
3003	陈铎	销售	8 800.00	8 000.00			
4001	王一铭	生产	6 627.00	6 527.00			
4002	赵明阳	生产	6 027.00	6 027.00			

注：本例中的"应发工资"为扣除保险与扣款后的应税工资。

表 4-8 累计已预扣预缴税额表

编号	姓名	部门	1月	2月	3月	……	预扣预缴税额累计
1001	杜喜冰	企划	248.70	248.70			
1002	李纪召	企划	0.00	0.00			
1003	刘雨晴	企划	0.00	0.00			
2001	张丹	设计	16.86	16.86			
2002	青海	设计	22.20	22.20			
3001	张永鑫	销售	186.45	186.45			
3002	杨圣	销售	150.00	180.00			
3003	陈铎	销售	99.00	75.00			
4001	王一铭	生产	18.81	15.81			
4002	赵明阳	生产	6.81	6.81			

表 4-9 累计专项附加扣除表

编号	姓名	部门	1月	2月	3月	……	专项附加合计
1001	杜喜冰	企划					
1002	李纪召	企划	1 500.00	1 500.00	1 500.00		
1003	刘雨晴	企划	1 000.00	1 000.00	1 000.00		
2001	张丹	设计	500.00	500.00	500.00		
2002	青海	设计	1 000.00	1 000.00	1 000.00		
3001	张永鑫	销售	2 000.00	2 000.00	2 000.00		
3002	杨圣	销售					
3003	陈铎	销售	500.00	500.00	500.00		
4001	王一铭	生产	1 000.00	1 000.00	1 000.00		
4002	赵明阳	生产	800.00	800.00	800.00		

表 4-10 个人所得税预扣率表（居民个人工资、薪金所得预扣预缴适用）

级数	全年应纳税所得额	税率	速算扣除数
1	不超过 36 000 元的	3%	0
2	超过 36 000 元至 144 000 元的部分	10%	2 520
3	超过 144 000 元至 300 000 元的部分	20%	16 920
4	超过 300 000 元至 420 000 元的部分	25%	31 920
5	超过 420 000 元至 660 000 元的部分	30%	52 920
6	超过 660 000 元至 960 000 元的部分	35%	85 920
7	超过 960 000 元的部分	45%	181 920

注：居民个人工资、薪金所得，由扣缴义务人按照累计预扣法计算预扣税款。

个人所得税预缴计算公式为：

累计预扣预缴应纳税所得额 = 累计收入 – 累计免税收入 – 累计减除费用 –
累计专项扣除 – 累计专项附加扣除 –
累计依法确定的其他扣除

本期应预扣预缴税额 =（累计预扣预缴应纳税所得额 × 预扣率 – 速算扣除数）–
累计减免税额 – 累计已预扣预缴税额

公式中累计减除费用按照 5 000 元 / 月乘以纳税人当年截至本月在本单位的任职受雇月份数计算。

二、分析

若要完成山海公司 2020 年 3 月的工资管理工作，需分成以下几个步骤：

1. 建立工资管理系统

启动 Excel，建立一个工作簿，工作簿命名为"202003 工资"，建立工作表，依次命名为"职工基本情况表""职工基本工资表""职工福利表""职工社会保险表""职工考勤表""职工业绩考核表""职工应发工资汇总表""累计已预扣预缴税额表"和"累计专项附加扣除表"。

2. 设置基本项目

依次设置各个工作表基本项目，录入数据。

3. 生成职工工资结算单

从各个工作表中提取数据，生成职工工资结算单。

4. 制作工资条

从职工工资结算单中提取数据，制作成工资条。

5. 生成职工工资汇总表

分别利用 Excel 的分类汇总和透视表功能生成职工工资汇总表。

6. 建立工资费用分配表

根据本月工资总和，计提工会经费和职工教育经费。

任务二　设置工资管理系统基本项目

一、设置工资项目分析

设置工资管理系统，需要在工作簿中建立职工基本情况表、职工基本工资表、职工福利表、职工社会保险表、职工考勤表、职工业绩考核表，各工作表分别完成其对应的项目设置任务。

自 2019 年以来，工资、薪金所得属于个人所得税中的综合所得，按年计算，按月预缴，因此还需要设置职工应发工资汇总表、累计已预扣预缴税额表和累计专项附加扣除表，汇总此前月份的工资信息，运用累计预扣预缴应纳税所得额和本期应预扣预缴税额公式计算出员工 3 月应预缴的个人所得税和实领工资。

二、设置具体项目

1. 设置职工基本情况表

职工基本情况表是企业职工基本信息汇总表，包括每个职工的编号、姓名、部门、职务、职称、性别、参加工作时间等。具体设置步骤如下：

（1）单击职工基本情况表。

（2）单击单元格 A1，输入标题"职工基本情况表"。

（3）选择 A1：G1 单元格区域，单击菜单栏中的"合并后居中"，完成设置。

（4）用右键单击单元格，选择"设置单元格格式"里的"字体"，字体选择"黑体"，字形选择"加粗"，字号选择"22"，下划线选择"会计用双下划线"，如图 4-1 所示，单击"确定"按钮。

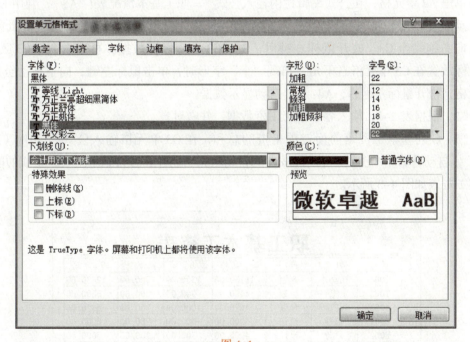

图 4-1

（5）在 A2 至 G2 区域依次输入职工基本情况的表头，如"编号""姓名""部门"等。

（6）根据表 1-1，依次录入职工基本情况数据，并设置居中对齐。

（7）选择单元格区域 A2：G12，在菜单栏的"边框"中选择"所有框线"。生成的职工基本情况表如图 4-2 所示。

	A	B	C	D	E	F	G
1	职工基本情况表						
2	编号	姓名	部门	职务	职称	性别	参加工作时间
3	1001	杜喜冰	企划	主任	工程师	男	2005-08-03
4	1002	李纪召	企划	企划人员	助理工程师	女	2013-08-06
5	1003	刘雨晴	企划	企划人员	助理工程师	女	2014-08-01
6	2001	张丹	设计	经理	工程师	女	2008-02-06
7	2002	青海	设计	设计人员	助理工程师	男	2015-02-05
8	3001	张永鑫	销售	销售经理	工程师	男	2004-08-03
9	3002	杨圣	销售	销售人员	助理工程师	男	2014-04-23
10	3003	陈铎	销售	销售人员	助理工程师	男	2015-02-05
11	4001	王一铭	生产	生产经理	工程师	男	2004-08-03
12	4002	赵明阳	生产	生产人员	助理工程师	男	2013-06-10

图 4-2

2. 设置职工基本工资表

（1）此表前三列"编号""姓名""部门"与职工基本情况表内前三列相同，可以使用公式直接输入。

单击 A3 单元格，在公式编辑栏内输入公式"=职工基本情况表！A3"，利用 Excel 的自动填充功能，将鼠标放置在 A3 单元格右下角，出现"十"字形时，单击鼠标左键，向右拖动至 C3，松开鼠标左键后，B3、C3 自动显示数据。再选中 A3：C3 区域，将鼠标放置在 C3 单元格右下角，出现"十"字形时，单击鼠标左键，向下拖动至 C12 单元格，松开鼠标左键后，A4：C12 自动显示数据。

（2）根据表 2-2，输入各项职工工资数据，并右对齐。

（3）G 列基本工资是前面三项工资的总和，在 G3 单元格输入公式"=SUM（D3：F3）"，自动计算基本工资。利用 Excel 的自动填充功能计算各行基本工资，生成的职工基本工资表如图 4-3 所示。

	A	B	C	D	E	F	G
1	职工基本工资表						
2	编号	姓名	部门	岗位工资	薪级工资	浮动工资	基本工资
3	1001	杜喜冰	企划	11150.00	1500.00	200.00	12850.00
4	1002	李纪召	企划	4500.00	900.00	200.00	5600.00
5	1003	刘雨晴	企划	4020.00	1000.00	300.00	5320.00
6	2001	张丹	设计	5000.00	1000.00	200.00	6200.00
7	2002	青海	设计	4000.00	800.00	200.00	5000.00
8	3001	张永鑫	销售	4020.00	1000.00	300.00	5320.00
9	3002	杨圣	销售	4000.00	1500.00	300.00	5800.00
10	3003	陈铎	销售	5000.00	700.00	200.00	5900.00
11	4001	王一铭	生产	4500.00	1500.00	300.00	6300.00
12	4002	赵明阳	生产	4000.00	1000.00	300.00	5300.00

图 4-3

3. 设置职工福利表

（1）设置职工福利表格式的方法与设置职工基本情况表格式的方法基本类似。

（2）按照设置职工基本工资表的方法导入表内前三列数据。

（3）根据表4-3录入余下的数据，合计部分使用SUM函数计算，在G3单元格输入公式"=SUM（D3：F3）"，自动计算合计。生成的职工福利表如图4-4所示。

编号	姓名	部门	住房补贴	伙食补贴	交通补贴	合计
1001	杜喜冰	企划	500.00	200.00	80.00	780.00
1002	李纪召	企划	500.00	200.00	80.00	780.00
1003	刘雨晴	企划	400.00	200.00	80.00	680.00
2001	张丹	设计	400.00	200.00	80.00	680.00
2002	青海	设计	400.00	200.00	80.00	680.00
3001	张永鑫	销售	400.00	200.00	80.00	680.00
3002	杨圣	销售	500.00	200.00	80.00	780.00
3003	陈铎	销售	400.00	200.00	80.00	680.00
4001	王一铭	生产	500.00	200.00	80.00	780.00
4002	赵明阳	生产	400.00	200.00	80.00	680.00

图 4-4

4. 设置职工社会保险表

（1）设置职工社会保险表格式的方法与设置职工基本情况表格式的方法类似。

（2）按照设置职工基本工资表的方法导入表内前三列数据。

（3）根据表4-4的内容输入职工各项基本社会保险费用，合计部分使用SUM函数计算，生成的职工社会保险表如图4-5所示。

编号	姓名	部门	养老保险	失业保险	医疗保险	合计
1001	杜喜冰	企划	245.00	35.00	60.00	340.00
1002	李纪召	企划	233.00	30.00	55.00	318.00
1003	刘雨晴	企划	165.00	23.00	45.00	233.00
2001	张丹	设计	174.00	21.00	45.00	240.00
2002	青海	设计	174.00	21.00	45.00	240.00
3001	张永鑫	销售	200.00	33.00	45.00	278.00
3002	杨圣	销售	180.00	30.00	55.00	265.00
3003	陈铎	销售	165.00	30.00	45.00	240.00
4001	王一铭	生产	180.00	18.00	55.00	253.00
4002	赵明阳	生产	174.00	22.00	45.00	241.00

图 4-5

5. 设置职工考勤表

（1）设置职工考勤表格式的方法可以参考设置职工基本情况表格式的方法，单击F2单元格，输入"扣款合计"。

（2）根据表5-5录入数据。

（3）单击 F3 单元格，在公式编辑栏录入公式"=100*（D3+E3）"，单击回车键，F3 单元格会自动显示扣款合计。

（4）利用自动填充功能计算每行的扣款合计，生成的职工考勤表如图 4-6 所示。

	A	B	C	D	E	F
1	职工考勤表					
2	编号	姓名	部门	病假天数	事假天数	扣款合计
3	1001	杜喜冰	企划			0.00
4	1002	李纪召	企划			0.00
5	1003	刘雨晴	企划	2		200.00
6	2001	张丹	设计			0.00
7	2002	青海	设计			0.00
8	3001	张永鑫	销售		3	300.00
9	3002	杨圣	销售	1		100.00
10	3003	陈铎	销售			0.00
11	4001	王一铭	生产	4		400.00
12	4002	赵明阳	生产		2	200.00

图 4-6

6. 设置职工业绩考核表

（1）设置职工业绩考核表格式的方法与设置职工基本情况表格式的方法类似。

（2）根据表 4-6 录入职工业绩考核内容，生成的职工业绩考核表如图 4-7 所示。

	A	B	C	D	E
1	职工业绩考核表				
2	编号	姓名	部门	销售业绩额	绩效奖金
3	1001	杜喜冰	企划		
4	1002	李纪召	企划		
5	1003	刘雨晴	企划		
6	2001	张丹	设计		
7	2002	青海	设计		
8	3001	张永鑫	销售	700000.00	7000.00
9	3002	杨圣	销售	500000.00	5000.00
10	3003	陈铎	销售	200000.00	2000.00
11	4001	王一铭	生产		
12	4002	赵明阳	生产		

图 4-7

7. 设置职工应发工资汇总表

（1）设置职工应发工资汇总表格式的方法与设置职工基本情况表格式的方法类似。

（2）根据表 4-7 录入职工应发工资汇总表 1 月、2 月的内容，用 SUM 函数计算 1—12 月税前应发工资合计，并自动填充，生成的职工应发工资汇总表如图 4-8 所示。

8. 设置累计已预扣预缴税额表

（1）设置累计已预扣预缴税额表格式的方法与设置职工基本情况表格式的方法类似。

（2）根据表 4-8 录入累计已预扣预缴税额内容，用 SUM 函数计算 1—12 月预扣预缴税额累计，并自动填充，生成的累计已预扣预缴税额表如图 4-9 所示。

职工应发工资汇总表

编号	姓名	部门	1月	2月	3月	…	12月	应发工资合计
1001	杜喜冰	企划	13290.00	13290.00				26580.00
1002	李纪召	企划	5767.00	5767.00				11534.00
1003	刘雨晴	企划	5622.00	5422.00				11044.00
2001	张丹	设计	6062.00	6062.00				12124.00
2002	青海	设计	6740.00	6740.00				13480.00
3001	张永鑫	销售	13215.00	13215.00				26430.00
3002	杨圣	销售	10000.00	11000.00				21000.00
3003	陈锋	销售	8800.00	8000.00				16800.00
4001	王一铭	生产	6627.00	6527.00				13154.00
4002	赵明阳	生产	6027.00	6027.00				12054.00

图 4-8

累计已预扣预缴税额表

编号	姓名	部门	1月	2月	3月	…	12月	预扣预缴税额累计
1001	杜喜冰	企划	248.70	248.70				497.40
1002	李纪召	企划	0.00	0.00				0.00
1003	刘雨晴	企划	0.00	0.00				0.00
2001	张丹	设计	16.86	16.86				33.72
2002	青海	设计	22.20	22.20				44.40
3001	张永鑫	销售	186.45	186.45				372.90
3002	杨圣	销售	150.00	180.00				330.00
3003	陈锋	销售	99.00	75.00				174.00
4001	王一铭	生产	18.81	15.81				34.62
4002	赵明阳	生产	6.81	6.81				13.62

图 4-9

9. 设置累计专项附加扣除表

（1）设置累计专项附加扣除表格式的方法与设置职工基本情况表格式的方法类似。

（2）根据表 4-9 录入累计专项附加扣除的内容，用 SUM 函数计算 1—12 月专项附加合计，并自动填充，生成的累计专项附加扣除表如图 4-10 所示。

累计专项附加扣除表

编号	姓名	部门	1月	2月	3月	…	12月	专项附加合计
1001	杜喜冰	企划						
1002	李纪召	企划	1500.00	1500.00	1500.00			4500.00
1003	刘雨晴	企划	1000.00	1000.00	1000.00			3000.00
2001	张丹	设计	500.00	500.00	500.00			1500.00
2002	青海	设计	1000.00	1000.00	1000.00			3000.00
3001	张永鑫	销售	2000.00	2000.00	2000.00			6000.00
3002	杨圣	销售						0.00
3003	陈锋	销售	500.00	500.00	500.00			1500.00
4001	王一铭	生产	1000.00	1000.00	1000.00			3000.00
4002	赵明阳	生产	800.00	800.00	800.00			2400.00

图 4-10

任务三　创建职工工资结算单

一、设置费用比率，命名工作表

职工工资结算单是由职工基本工资表、职工福利表、职工考勤表、职工业绩考核表等几个表中的各项数据组合而成的，但是如果逐一填入数据，会非常烦琐，而且容易出错。因此，可以利用 Excel 的"定义数据名称"功能和"引用函数"功能从各个表格中提取数据，简化操作。职工工资结算单的创建步骤如下：

（1）建立工作表"各类费用计算比率"，确定各类费用计算比率，如图 4-11 所示。

	A	B
1	各类费用计算比率	
2		工资费用分配
3	项目	扣除比率
4	工会经费	2%
5	教育经费	8%
6		
7		

图 4-11

（2）定义"职工基本工资表"，选择数据区域"A2：G12"，单击"公式"选项卡下"定义的名称"分组里的"定义名称"，选择"定义名称"，如图 4-12 所示。

图 4-12

（3）在弹出的对话框中，在"名称"内输入"职工基本工资表"，单击"确定"按钮，完成数据名称的定义，如图 4-13 所示。

（4）按上述方法，分别对职工福利表、职工社会保险表、职工考勤表、职工业绩考核表、职工应发工资汇总表、累计已预扣预缴税额表、累计专项附加扣除表和职工工资结算单进行定义。定义完成后，在"公式"选项卡下的"名称管理器"中可以查看已经定义的工作表。查看效果如图 4-14 所示。

图 4-13

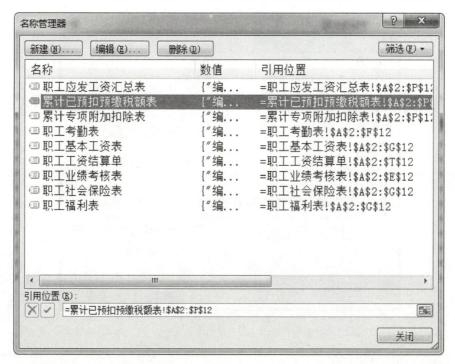

图 4-14

二、设置职工工资结算单

设置职工工资结算单格式的方法与设置职工基本情况表格式的方法类似，具体步骤如下：

（1）在第一行输入标题，在第二行输入表格表头"编号""姓名""部门""岗位工资""薪级工资""浮动工资""住房补贴""伙食补贴""交通补贴""绩效奖金""养老保险""失业保险""医疗保险""扣款合计""应发工资""应发工资累计""预扣所得税""实发工资""累计专项附加扣除""累计已预扣预缴税额"。

1. 设置职工工资结算单

前面三列职工基本信息的输入方法同任务二，此处不再赘述。

（2）以计算杜喜冰的岗位工资为例。单击 D3 单元格，在编辑栏单击"fx"图标，在弹出的对话框中，在"或选择类别"中选择"查找与引用"，在"选择函数"中选择"VLOOKUP"，单击"确定"按钮。如图 4-15 所示。

在弹出的"函数参数"对话框中，在"Lookup_value"中填入"A3"，在"Table_array"中填入"职工基本工资表"，在"Col_index_num"中填入"4"，在"Range_lookup"中填入"0"。此操作的意义是查找职工工资结算单中的 A3，在职工基本工资表所在行的第 4 列的内容，这里"0"代表精确返回，也可以设为空或者"True"。如图 4-16 所示。

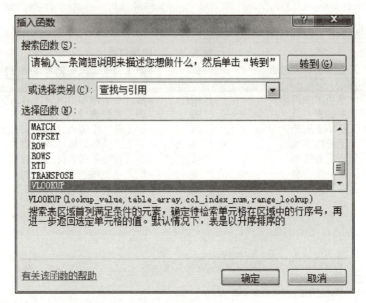

图 4-15

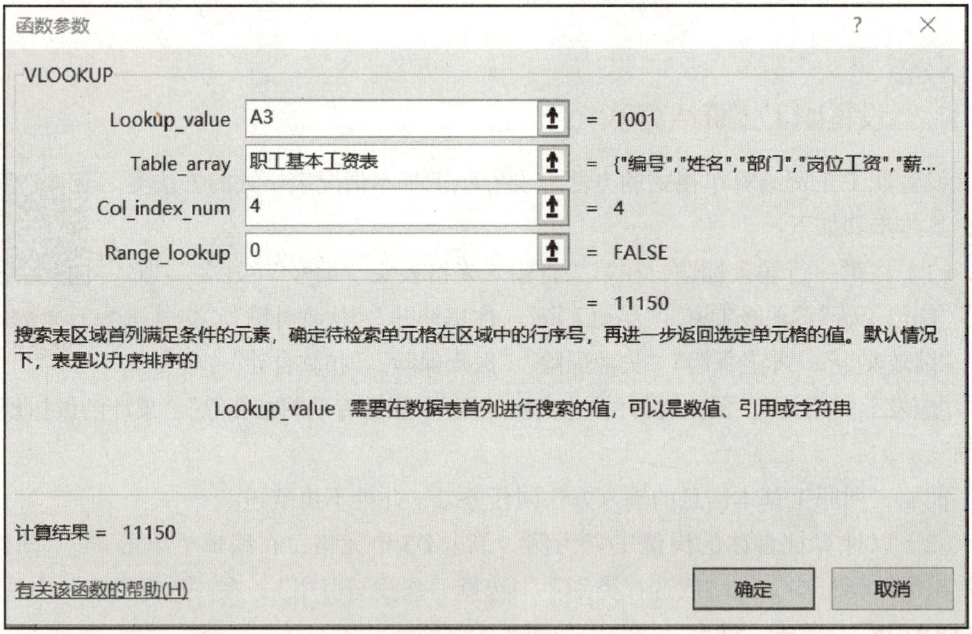

图 4-16

单击"确定"按钮，则在职工工资结算单中的 D3 单元格会自动得出数据。用自动填充输入 D4：D12 区域的其他数据。

（3）用同样的方法引入"薪级工资""浮动工资""住房补贴""伙食补贴""交通补贴""绩效奖金""养老保险""失业保险""医疗保险""请假扣款""应发工资累计""累计专项附加扣除"和"累计已预扣预缴税额"。

以工作表第三行的记录为例，具体函数如下：
D3=VLOOKUP（A3，职工基本工资表，4，0）
E3=VLOOKUP（A3，职工基本工资表，5，0）
F3=VLOOKUP（A3，职工基本工资表，6，0）
G3=VLOOKUP（A3，职工福利表，4，0）
H3=VLOOKUP（A3，职工福利表，5，0）
I3=VLOOKUP（A3，职工福利表，6，0）
J3=VLOOKUP（A3，职工业绩考核表，5，0）
K3=VLOOKUP（A3，职工社会保险表，4，0）
L3=VLOOKUP（A3，职工社会保险表，5，0）
M3=VLOOKUP（A3，职工社会保险表，6，0）
N3=VLOOKUP（A3，职工考勤表，6，0）
S3=VLOOKUP（A3，累计专项附加扣除表，16，0）
T3=VLOOKUP（A3，累计已预扣预缴税额表，16，0）

（4）在O3单元格输入"=SUM（D3：J3）-SUM（K3：N3）"，计算出扣款后的税前应发工资，并自动填充得出所有职工的本月税前应发工资。

（5）在职工应发工资汇总表中，得出3月的应发工资。方法如下：打开"职工应发工资汇总表"，在F3单元格中用VLOOKUP函数，可以直接输入"=VLOOKUP（A3，职工工资结算单，15，0）"，自动填充得出所有人3月应发工资及税前应发工资合计数。

（6）在职工工资结算单P3单元格输入"=VLOOKUP（A3，职工应发工资汇总表，16，0）"得出职工税前应发工资累计，并自动填充P4：P12。

（7）在职工工资结算单中，单击Q3单元格，输入"=IF（（P3-S3-5000*3）<0，0，IF（（P3-S3-5000*3）<36000，（P3-S3-5000*3）*0.03-T3，IF（（P3-S3-5000*3）<144000，（P3-S3-5000*3）*0.1-2520-T3，IF（（P3-S3-5000*3）<300000，（P3-S3-5000*3）*0.2-16920-T3，IF（（P3-S3-5000*3）<420000，（P3-S3-5000*3）*0.25-31920-T3，IF（（P3-S3-5000*3）<660000，（P3-S3-5000*3）*0.3-52920-T3，IF（（P3-S3-5000*3）<960000，（P3-S3-5000*3）*0.35-85920-T3，（P3-S3-5000*3）*0.45-181920-T30）））））））"，计算出当月应预扣所得税，使用自动填充功能得出所有人的预扣所得税，若计算出的当月预扣所得税为负数，这是因为此前工资收入波动导致的。根据规定，本期应预扣预缴税额为负值时，暂不退税，纳税年度终了后余额仍为负值时，由纳税人通过办理综合所得年度汇算清缴，税款多退少补。因此计算结果出现负数时，需要将该单元格数值改为0。

由此，可通过上面输入的函数作为条件，如果此条件小于0，则结果直接输出0，否则输出此函数，即"=IF（IF（（P3-S3-5000*3）<0，0，IF（（P3-S3-5000*3）<36000，（P3-S3-5000*3）*0.03-T3，IF（（P3-S3-5000*3）<144000，（P3-S3-5000*3）*0.1-

2520-T3，IF((P3-S3-5000*3)<300000,（P3-S3-5000*3）*0.2-16920-T3，IF((P3-S3-5000*3)<420000,（P3-S3-5000*3）*0.25-31920-T3，IF((P3-S3-5000*3)<660000,（P3-S3-5000*3）*0.3-52920-T3，IF((P3-S3-5000*3)<960000,（P3-S3-5000*3）*0.35-85920-T3,（P3-S3-5000*3）*0.45-181920-T30))))))))<0,0，IF((P3-S3-5000*3)<0,0，IF((P3-S3-5000*3)<36000,（P3-S3-5000*3）*0.03-T3，IF((P3-S3-5000*3)<144000,（P3-S3-5000*3）*0.1-2520-T3，IF((P3-S3-5000*3)<300000,（P3-S3-5000*3）*0.2-16920-T3，IF((P3-S3-5000*3)<420000,（P3-S3-5000*3）*0.25-31920-T3，IF((P3-S3-5000*3)<660000,（P3-S3-5000*3）*0.3-52920-T3，IF((P3-S3-5000*3)<960000,（P3-S3-5000*3）*0.35-85920-T3,（P3-S3-5000*3）*0.45-181920-T30)))))))）"

（8）单击 R3 单元格，输入"=O3-Q3"，得到当月的税后实发工资，用自动填充功能得出所有人的实发工资，生成的职工工资结算单如图 4-17 所示。

图 4-17

任务四　制作工资条

一、生成工作条

工资条是每个职工的工资清单，可以让职工了解自己的每一项工资数据记录。生成工资条的具体步骤如下：

（1）设置"工资条"工作表，将"职工工资结算单"的内容复制到工资条。

（2）选择 A4 单元格，单击鼠标右键，选择"插入"里的"整行"，单击"确定"按钮。如图 4-18 所示。

用同样的方式，多次操作，保证每个职工工资条之间插入两行空白行，效果如图 4-19 所示。

图 4-18

	2	编号	姓名	部门	岗位工资	薪级工资	浮动工资	住房补贴	伙食补贴
	3	1001	杜喜冰	企划	11150.00	1500.00	200.00	500.00	200.00
	4								
	5								
	6	1002	李纪召	企划	4500.00	900.00	200.00	500.00	200.00
	7								
	8								
	9	1003	刘雨晴	企划	4020.00	1000.00	300.00	400.00	200.00
	10								
	11								
	12	2001	张丹	设计	5000.00	1000.00	200.00	400.00	200.00
	13								
	14								
	15	2002	青海	设计	4000.00	800.00	200.00	400.00	200.00

图 4-19

（3）选中第 2 行，单击鼠标右键，选择"复制"；选中第 5 行，再单击鼠标右键，选择"粘贴"，用同样的方法粘贴其他职工工资信息的标题，如图 4-20 所示。

	2	编号	姓名	部门	岗位工资	薪级工资	浮动工资	住房补贴	伙食补贴
	3	1001	杜喜冰	企划	11150.00	1500.00	200.00	500.00	200.00
	4								
	5	编号	姓名	部门	岗位工资	薪级工资	浮动工资	住房补贴	伙食补贴
	6	1002	李纪召	企划	4500.00	900.00	200.00	500.00	200.00
	7								
	8	编号	姓名	部门	岗位工资	薪级工资	浮动工资	住房补贴	伙食补贴
	9	1003	刘雨晴	企划	4020.00	1000.00	300.00	400.00	200.00
	10								
	11	编号	姓名	部门	岗位工资	薪级工资	浮动工资	住房补贴	伙食补贴
	12	2001	张丹	设计	5000.00	1000.00	200.00	400.00	200.00
	13								
	14	编号	姓名	部门	岗位工资	薪级工资	浮动工资	住房补贴	伙食补贴
	15	2002	青海	设计	4000.00	800.00	200.00	400.00	200.00
	16								
	17	编号	姓名	部门	岗位工资	薪级工资	浮动工资	住房补贴	伙食补贴
	18	3001	张永鑫	销售	4020.00	1000.00	300.00	400.00	200.00

图 4-20

二、美化工作条

（1）选择 A4：T4 单元格区域，单击右键选择"设置单元格格式"，在弹出的"设置单元格格式"对话框中，选择"边框"，设置为仅有上、下边框，单击"确定"按钮。如图 4-21 所示。

（2）选中第四行，单击工具栏的格式刷按钮，然后单击第 7 行，用同样的方法依次消除第 10 行、13 行、16 行、19 行、22 行、25 行、28 行的网格竖线。

除了按上述（1）（2）两步操作外，还可单击行号 4，按住"Ctrl"键，单击 7、10、13、16、19、22、25、28 行号后，单击右键选择"设置单元格格式"，在弹出的"设置单元格格式"对话框中，选择"边框"，设置为仅有上、下边框，单击"确定"按钮。

图 4-21

完成后效果如图 4-22 所示。

2	编号	姓名	部门	岗位工资	薪级工资	浮动工资	住房补贴	伙食补贴
3	1001	杜喜冰	企划	11150.00	1500.00	200.00	500.00	200.00
4								
5	编号	姓名	部门	岗位工资	薪级工资	浮动工资	住房补贴	伙食补贴
6	1002	李纪召	企划	4500.00	900.00	200.00	500.00	200.00
7								
8	编号	姓名	部门	岗位工资	薪级工资	浮动工资	住房补贴	伙食补贴
9	1003	刘雨晴	企划	4020.00	1000.00	300.00	400.00	200.00
10								
11	编号	姓名	部门	岗位工资	薪级工资	浮动工资	住房补贴	伙食补贴
12	2001	张丹	设计	5000.00	1000.00	200.00	400.00	200.00
13								
14	编号	姓名	部门	岗位工资	薪级工资	浮动工资	住房补贴	伙食补贴
15	2002	青海	设计	4000.00	800.00	200.00	400.00	200.00
16								

图 4-22

任务五　创建职工工资汇总表

一、分类汇总法

职工工资汇总表可以对工资数据进行分析，在 Excel 中，可以通过分类汇总功能或数据透视表功能对数据进行分析。分类汇总法的操作步骤如下：

（1）新建工作表"职工工资汇总表（一）"，将"职工工资结算单"的内容复制到其中，并修改标题。

2. 分类汇总法

（2）单击数据清单中任意一个非空单元格，单击"数据"选项卡，选择"排序和筛选"分组里的"排序"按钮，如图4-23所示，在弹出的对话框中，在"主要关键字"下拉列表中选择"部门"，如图4-24所示，单击"确定"按钮。

图 4-23

图 4-24

可以选择将职工工资汇总表按部门进行升序或降序排序，如图4-24所示，效果如图4-25所示。

	A	B	C	D	E	F	G	H
1								
2	编号	姓名	部门	岗位工资	薪级工资	浮动工资	住房补贴	伙食补贴
3	1001	杜喜冰	企划	11150.00	1500.00	200.00	500.00	200.00
4	1002	李纪召	企划	4500.00	900.00	200.00	500.00	200.00
5	1003	刘雨晴	企划	4020.00	1000.00	300.00	400.00	200.00
6	2001	张丹	设计	5000.00	1000.00	200.00	400.00	200.00
7	2002	青海	设计	4000.00	800.00	200.00	400.00	200.00
8	4001	王一铭	生产	4500.00	1500.00	300.00	500.00	200.00
9	4002	赵明阳	生产	4000.00	1000.00	300.00	400.00	200.00
10	3001	张永鑫	销售	4020.00	1000.00	300.00	400.00	200.00
11	3002	杨圣	销售	4000.00	1500.00	300.00	500.00	200.00
12	3003	陈铎	销售	5000.00	700.00	200.00	400.00	200.00

图 4-25

（3）单击数据清单中任意一个非空单元格，单击菜单栏的"数据"——"分类汇总"，在弹出的"分类汇总"对话框中按图4-26所示进行设置，在对话框的"分类字段"选择"部门"，"汇总方式"选择"求和"，如图4-26所示。

从图4-26中可以发现，汇总方式除了按部门进行外，还可以按照各类工资、福利费、社会保险费等进行汇总，企业可以根据自身需要选择汇总方式，在"选定汇总项"中也可根据企业需要进行选择。

（4）单击"确定"按钮后，分类汇总效果如图4-27所示。

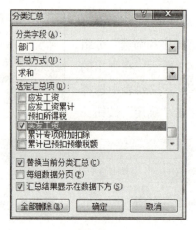

图 4-26

		A	B	C	O	P	Q	R	S	T
1					职工工资汇总表（一）					
2		编号	姓名	部门	应发工资	应发工资累计	预扣所得税	实发工资	累计专项附加扣除	累计已预扣预缴税额
3		1001	杜喜冰	企划	13290.00	39870.00	248.70	13041.30	0.00	497.40
4		1002	李纪召	企划	6062.00	17596.00	0.00	6062.00	4500.00	0.00
5		1003	刘雨晴	企划	5567.00	16611.00	0.00	5567.00	3000.00	0.00
6				企划 汇总				24670.30		
7		2001	张丹	设计	6640.00	18764.00	34.20	6605.80	1500.00	33.72
8		2002	青海	设计	5440.00	18920.00	0.00	5440.00	3000.00	44.40
9				设计 汇总				12045.80		
10		4001	王一铭	生产	6427.00	19581.00	12.81	6414.19	3000.00	34.62
11		4002	赵明阳	生产	5539.00	17593.00	0.00	5539.00	2400.00	13.62
12				生产 汇总				11953.19		
13		3001	张永鑫	销售	12422.00	38852.00	162.66	12259.34	6000.00	372.90
14		3002	杨圣	销售	11215.00	32215.00	186.45	11028.55	0.00	330.00
15		3003	陈铎	销售	8340.00	25140.00	85.20	8254.87	1500.00	174.00
16				销售 汇总				31542.69		
17				总计				80211.98		
18										

图 4-27

图 4-27 左边的 "-" 是隐藏按钮，单击该按钮，将隐藏本级的明细数据，同时"-"会变成"+"，如图 4-28 所示。

		A	B	C	O	P	Q	R	S	T
1										
2		编号	姓名	部门	应发工资	应发工资累计	预扣所得税	实发工资	累计专项附加扣除	累计已预扣预缴税额
6				企划 汇总				24670.30		
9				设计 汇总				12045.80		
12				生产 汇总				11953.19		
16				销售 汇总				31542.69		
17				总计				80211.98		

图 4-28

（5）如果要取消分类汇总，重新在"分类汇总"对话框中，单击"全部删除"即可，如图 4-29 所示。

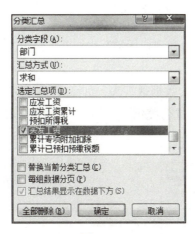

图 4-29

二、数据透视表法

运用数据透视表法创建职工工资汇总表的步骤如下：

（1）打开工作表"职工工资结算单"。

（2）单击数据清单中任意一个非空单元格，单击选项卡的"插入"，选择"数据透视表"里的"数据透视表"，如图 4-30 所示。

3. 数据透视表法

图 4-30

（3）在弹出的对话框中按图 4-31 所示进行设置。在"选择放置数据透视表的位置"中选择"新工作表"，单击"确定"按钮，如图 4-31 所示。

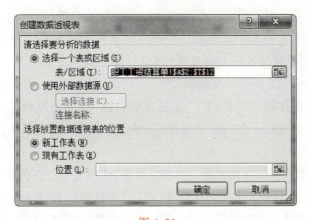

图 4-31

（4）将弹出的工作表命名为"职工工资汇总表（二）"，在右方的"数据透视表字段列表"中，将"部门"拖拽到"行标签"中；将"应发工资""实发工资"拖拽到"Σ数值"中。如图 4-32 所示。

（5）即可查看左方生成的数据透视表，如图 4-33 所示，可以在此基础上进一步对生成的职工工资汇总表（2）进行美化。

行标签	求和项:应发工资	求和项:实发工资
企划	24919	24670.3
设计	12080	12045.8
生产	11966	11953.19
销售	31977	31542.69
总计	80942	80211.98

图 4-32　　　　　　　　　　　　图 4-33

任务六　建立工资费用分配表

月末，企业将本月的应付职工薪酬按照发生的地点、部门与产品的关系进行分配，编制工资费用分配表。各类附加费用的计提比例上限为：工会经费按实发工资总额的 2% 计提，职工教育经费按实发工资总额的 8% 计提。具体步骤如下：

（1）建立工作表"工资费用分配表"。

（2）在第 2 行依次输入"部门""实发工资总额""工会经费""职工教育经费"；在 A3：A7 单元格依次输入"企划""设计""销售""生产""总计"，并设置格式，如图 4-34 所示。

（3）以企划部的"实发工资总额"为例，单击 B3 单元格，在公式编辑栏内输入公式"=SUMIF（职工工资结算单！C：C，A3，职工工资结算单！R：R）"，就将"职工工资结算单"内 C 列中所有满足条件部门为"企划"的 R 列数字相加，填入 B3 单元格。

	A	B	C	D
1	工资费用分配表			
2	部门	实发工资总额	工会经费	职工教育经费
3	企划			
4	设计			
5	销售			
6	生产			
7	总计			

图 4-34

利用自动填充功能计算其他部门本月的职工实发工资总额，如图 4-35 所示。

	A	B	C	D
1	工资费用分配表			
2	部门	实发工资总额	工会经费	职工教育经费
3	企划	24670.30		
4	设计	12045.80		
5	销售	31542.69		
6	生产	11953.19		
7	总计			
8				

图 4-35

（4）单击 C3 单元格，在公式编辑栏内输入公式"=B3*2%"，利用自动填充功能，计算其他部门计提的工会经费。

（5）单击 D3 单元格，在公式编辑栏内输入公式"=B3*8%"，利用自动填充功能，计算其他部门计提的职工教育经费。

（6）在 A7 单元格，录入"总计"，在 B7：E7 区域利用 SUM 函数计算出各项汇总数据，生成的工资费用分配表如图 4-36 所示。

	A	B	C	D
1	工资费用分配表			
2	部门	实发工资总额	工会经费	职工教育经费
3	企划	24670.30	493.41	1973.62
4	设计	12045.80	240.92	963.66
5	销售	31542.69	630.85	2523.42
6	生产	11953.19	239.06	956.26
7	总计	80211.98	1604.24	6416.96

图 4-36

本章小结

本章介绍了如何使用 Excel 进行工资管理。首先对根据企业情况建立的职工工资数据设置对应的工作表,接下来介绍如何利用 Excel 进行表与表之间的数据共享和关联,利用 Excel 的功能进行数据查询和分类汇总分析。要求学生学会使用 Excel 设计工资核算系统。

实训

1. 实训目的

学会使用 Excel 设计工资核算系统。

2. 实训资料

实训资料如表 4-11 ~ 表 4-18 所示。

表 4-11 职工基本工资表

编号	姓名	部门	岗位工资	薪级工资	浮动工资	基本工资
1001	杜喜冰	企划	11 150.00	1 500.00	200.00	
1002	李纪召	企划	4 500.00	900.00	200.00	
1003	刘雨晴	企划	4 020.00	1 000.00	300.00	
2001	张丹	设计	5 000.00	1 000.00	200.00	
2002	青海	设计	4 000.00	800.00	200.00	
3001	张永鑫	销售	4 020.00	1 000.00	300.00	
3002	杨圣	销售	4 000.00	1 500.00	300.00	
3003	陈铎	销售	5 000.00	700.00	200.00	
4001	王一铭	生产	4 500.00	1 500.00	300.00	
4002	赵明阳	生产	4 000.00	1 000.00	300.00	

表 4-12 职工福利表

编号	姓名	部门	住房补贴	伙食补贴	交通补贴	合计
1001	杜喜冰	企划	500.00	200.00	80.00	
1002	李纪召	企划	500.00	200.00	80.00	
1003	刘雨晴	企划	400.00	200.00	80.00	
2001	张丹	设计	400.00	200.00	80.00	
2002	青海	设计	400.00	200.00	80.00	

续表

编号	姓名	部门	住房补贴	伙食补贴	交通补贴	合计
3001	张永鑫	销售	400.00	200.00	80.00	
3002	杨圣	销售	500.00	200.00	80.00	
3003	陈铎	销售	400.00	200.00	80.00	
4001	王一铭	生产	500.00	200.00	80.00	
4002	赵明阳	生产	400.00	200.00	80.00	

表 4-13 职工社会保险表

编号	姓名	部门	养老保险	失业保险	医疗保险	合计
1001	杜喜冰	企划	245.00	35.00	60.00	
1002	李纪召	企划	233.00	30.00	55.00	
1003	刘雨晴	企划	165.00	23.00	45.00	
2001	张丹	设计	174.00	21.00	45.00	
2002	青海	设计	174.00	21.00	45.00	
3001	张永鑫	销售	200.00	33.00	45.00	
3002	杨圣	销售	180.00	30.00	55.00	
3003	陈铎	销售	165.00	30.00	45.00	
4001	王一铭	生产	180.00	18.00	55.00	
4002	赵明阳	生产	174.00	22.00	45.00	

表 4-14 职工考勤表

编号	姓名	部门	病假天数	事假天数	扣款合计
1001	杜喜冰	企划		2	
1002	李纪召	企划	1		
1003	刘雨晴	企划			
2001	张丹	设计	3		
2002	青海	设计			
3001	张永鑫	销售			
3002	杨圣	销售			
3003	陈铎	销售		2	
4001	王一铭	生产			
4002	赵明阳	生产	1	1	

请假扣款计算公式：扣款合计 =100×（病假天数 + 事假天数）。

表 4–15 职工业绩考核表

编号	姓名	部门	销售业绩额	绩效奖金
1001	杜喜冰	企划		
1002	李纪召	企划		
1003	刘雨晴	企划		
2001	张丹	设计		
2002	青海	设计		
3001	张永鑫	销售	600 000.00	6 000.00
3002	杨圣	销售	650 000.00	6 500.00
3003	陈铎	销售	300 000.00	3 000.00
4001	王一铭	生产		
4002	赵明阳	生产		

表 4–16 职工应发工资汇总表

编号	姓名	部门	1月	2月	3月	……	应发工资合计
1001	杜喜冰	企划	13 290.00	13 290.00	13 290.00		
1002	李纪召	企划	5 767.00	5 767.00	6 062.00		
1003	刘雨晴	企划	5 622.00	5 422.00	5 567.00		
2001	张丹	设计	6 062.00	6 062.00	6 640.00		
2002	青海	设计	6 740.00	6 740.00	5 440.00		
3001	张永鑫	销售	13 215.00	13 215.00	12 422.00		
3002	杨圣	销售	10 000.00	11 000.00	11 215.00		
3003	陈铎	销售	8 800.00	8 000.00	8 340.00		
4001	王一铭	生产	6 627.00	6 527.00	6 427.00		
4002	赵明阳	生产	6 027.00	6 027.00	5 539.00		

表 4–17 累计已预扣预缴税额表

编号	姓名	部门	1月	2月	3月	……	预扣预缴税额累计
1001	杜喜冰	企划	248.70	248.70	248.70		
1002	李纪召	企划	0.00	0.00	0.00		
1003	刘雨晴	企划	0.00	0.00	0.00		
2001	张丹	设计	16.86	16.86	34.20		
2002	青海	设计	22.20	22.20	0.00		

续表

编号	姓名	部门	1月	2月	3月	……	预扣预缴税额累计
3001	张永鑫	销售	186.45	186.45	162.66		
3002	杨圣	销售	150.00	180.00	186.45		
3003	陈铎	销售	99.00	75.00	85.20		
4001	王一铭	生产	18.81	15.81	12.81		
4002	赵明阳	生产	6.81	6.81	0.00		

表 4-18　累计专项附加扣除表

编号	姓名	部门	1月	2月	3月	4月	……	专项附加合计
1001	杜喜冰	企划						
1002	李纪召	企划	1 500.00	1 500.00	1 500.00	1 500.00		
1003	刘雨晴	企划	1 000.00	1 000.00	1 000.00	1 000.00		
2001	张丹	设计	500.00	500.00	500.00	500.00		
2002	青海	设计	1 000.00	1 000.00	1 000.00	1 000.00		
3001	张永鑫	销售	2 000.00	2 000.00	2 000.00	2 000.00		
3002	杨圣	销售						
3003	陈铎	销售	500.00	500.00	500.00	500.00		
4001	王一铭	生产	1 000.00	1 000.00	1 000.00	1 000.00		
4002	赵明阳	生产	800.00	800.00	800.00	800.00		

3. 实训要求

（1）建立工资管理系统并设置基本项目。

（2）生成职工工资结算单。

（3）制作工资条。

（4）利用 Excel 的分类汇总和透视表功能生成职工工资汇总表。

（5）建立工资费用分配表。

模块五

Excel 在进销存管理中的应用

> ➢ **知识目标**
> - 掌握进销存的业务处理流程。
> - 了解进销存管理中数据之间的关系。
>
> ➢ **能力目标**
> - 学会使用 Excel 设计进销存管理系统。
> - 学会在工作表之间引用数据的操作。
>
> ➢ **素质目标**
> - 培养学生的团队合作意识。
> - 培养学生的职业素养,让学生建立岗位责任意识。
> - 培养学生降低企业成本、提高企业效益的意识。

任务一 分析背景材料

一、背景资料

英扬有限公司（以下简称英扬公司）主要从事生产、销售小型设备的活动，采用月末一次加权平均法计算发出存货的成本。该公司现决定运用 Excel 工具和函数对其进销存业务进行管理。该公司 2020 年 1 月的供应商资料、客户资料、原材料、库存商品如表 5-1 ~ 表 5-4 所示。

表 5-1 供应商资料

供应商编号	供应商名称	开户银行	账号	纳税人识别号
A001	安徽荣讯机械公司	中行人民路支行	622202070900134	91340100356043542Q
A002	安徽君灿工贸公司	工行南京路支行	436536363568760	91340345356043512R
A003	大连巨辽机械厂	建行周水子支行	655698328747845	91210000166577057E

表 5-2 客户资料

客户编号	客户名称	开户银行	账号	纳税人识别号
B001	吉林五金公司	中行矿山街支行	622787608893453	91220101243887123E
B002	安徽杰程机械厂	工行迎宾路支行	423465469098523	91340345356043345R
B003	青岛东方机械公司	工行建设路支行	623768698632432	91370212163635897T
B004	昆山纺织公司	农行胜利路支行	853687978987523	91372312163656734M

表 5-3 原材料

材料编码	材料名称	材料类型	型号规格	单位	数量	单价（元）	金额（元）
C001	X 材料	主要材料	L 型	吨	400	40.00	
C002	Y 材料	主要材料	L 型	吨	400	35.00	
C003	Z 材料	主要材料	L 型	吨	20	28.00	
C004	配件 A	辅助材料	M 型	件	100	20.00	
C005	配件 B	辅助材料	M 型	件	400	3.00	
合计							

表 5-4　库存商品

商品编码	商品名称	型号规格	单位	数量	单价（元）	金额（元）
S001	甲设备	S 型	件	20	1 032.00	
S002	乙设备	S 型	件	25	512.00	
合计						

英扬有限公司 2020 年 1 月进销存业务如下：

（1）1 日，从安徽荣讯机械公司购入 X 材料 200 吨，单价 40 元，采购发票号 04501211。

（2）3 日，销售给吉林五金公司甲设备 10 件，单价 2 000 元。

（3）5 日，从大连巨辽机械厂购入 Z 材料 30 吨，单价 30 元，材料验收入库，款项已电汇，结算单据号 1205，采购发票号 04301202。

（4）8 日，从安徽君灿工贸公司采购配件 A 100 件，单价 21 元。货款未付，采购发票号 04201801。

（5）9 日，销售乙设备 5 件给安徽杰程机械厂，单价 1 000 元。

（6）11 日，车间领用材料，包括 X 材料 300 吨，Y 材料 300 吨，Z 材料 10 吨。

（7）15 日，从大连巨辽机械厂购入配件 B 200 件，单价 3 元；购入 Y 材料 200 吨，单价 35 元，采购发票号 04301215。

（8）18 日，从安徽荣讯机械公司购入 X 材料 300 吨，单价 40 元。采购发票号 04501235。

（9）26 日，车间领用辅助材料配件 A 100 件，配件 B 300 件。

（10）27 日，收到销售给吉林五金公司的甲设备价款 20 000 元，结算票据号 23124。

（11）28 日，一车间完工入库甲设备 5 件，单位成本 1 000 元；完工入库乙设备 10 件，单位成本 600 元。

（12）结转本月完工产品成本。

（13）结转本月销售产品成本。

二、分析

进销存管理是企业内部管理的重要环节。采购是企业实现价值的开始，采购成本的高低直接影响着企业的利润，因此采购管理是企业管理的重点；销售是企业实现价值的主要手段，是企业进销存管理系统的重要组成部分；存货是企业会计核算和管理中的一个重要环节，存货管理的好坏和信息准确与否会直接影响企业的采购、生产和销售业务能否顺利进行。

英扬有限公司的进销存业务比较简单，利用 Excel 进行进销存管理可以提高工作效率，并间接提高企业的经济效益。

若要完成英扬公司 2020 年 1 月的进销存管理工作，需分成以下几个步骤：

1. 输入期初数据

启动 Excel，建立一个工作簿，工作簿命名为"202001 进销存管理"，依次输入供应商资料、客户资料和存货期初数据。

2. 采购与付款业务处理

需要建立采购业务表和付款业务表。采购员接到缺货信息后，分析缺货信息是否合理，再将订单下达给供应商；材料送达后，实物入库，登记采购业务表；通过付款业务表对付款情况和应付未付款予以及时更新。

3. 销售与收款业务处理

公司接收客户订单，签订销售合同，向客户发货并收款，对形成应收账款的业务单独进行管理。需要设置产品销售业务表和收款业务表，每笔销售业务发生时都要及时记录。

4. 库存管理

材料采购入库、产品完工入库、领料退货等业务均涉及库存的变化，英扬公司需要设立车间领用材料表、完工产品表和库存管理表，记录发生的所有材料和产品进出情况，对存货的库存数量进行监控，对发现的异常情况及时处理。

任务二　输入期初数据

英扬有限公司要实现用 Excel 管理进销存业务，首先要把本期供应商资料、客户资料、原材料和库存商品的期初数据输入 Excel 工作簿中，作为原来手工账和新的进销存管理系统的衔接。

一、登记供应商资料、客户资料

（一）登记供应商资料

新建一个工作簿，命名为"202001 进销存管理"，依次建立工作表"供应商资料""客户资料""原材料""库存商品"。

（1）在工作表"供应商资料"中，在 A1 单元格输入标题"供应商资料"，选取单元格 A1：E1，单击"合并及居中"按钮，并设置字体格式为"黑体""22 号""会计用双下划线"。

（2）在 A2 至 E2 区域输入供应商资料表的表头，即"供应商编号""供应商名称""开户银行""账号""纳税人识别号"。

（3）根据表 5-1，输入供应商资料数据。

（4）选中 A2：E5 区域，单击右键，选择"设置单元格格式"，在弹出的对话框中，选择"对齐"选项卡，将水平对齐和垂直对齐方式都设置为"居中"；再选择"边框"选项卡，单击"外边框""内部"，单击"确定"按钮。

（5）选择表头区域 A2：E2，设置为加粗。设置完的供应商资料表如图 5-1 所示。

	A	B	C	D	E
1	供应商资料				
2	供应商编号	供应商名称	开户银行	账号	纳税人识别号
3	A001	安徽荣讯机械公司	中行人民路支行	622202070900134	91340100356043542Q
4	A002	安徽君灿工贸公司	工行南京路支行	436536363568760	91340345356043512R
5	A003	大连巨辽机械厂	建行周水子支行	655698328747845	91210000166577057E

图 5-1

（二）登记客户资料

（1）在工作表"客户资料"中，在 A1 单元格输入标题"客户资料"，在 A2 至 E2 区域输入"客户编号""客户名称""开户银行""账号""纳税人识别号"。

（2）根据表 5-2，输入客户资料数据。

（3）按照供应商资料表的格式设置方法，将客户资料表的格式设置完毕。

生成的客户资料表如图 5-2 所示。

	A	B	C	D	E
1	客户资料				
2	客户编号	客户名称	开户银行	账号	纳税人识别号
3	B001	吉林五金公司	中行矿山街支行	622787608893453	91220101243887123E
4	B002	安徽杰程机械厂	工行迎宾路支行	423465469098523	91340345356043345R
5	B003	青岛东方机械公司	工行建设路支行	623768698632432	91370212163635897T
6	B004	昆山纺织公司	农行胜利路支行	853687978987523	91372312163656734M

图 5-2

二、输入存货期初数据

通过整理存货手工账及对公司业务进行分析，英扬有限公司存货期初数据应包含如下内容：存货编码、存货名称、型号规格、计量单位、期初库存数量、存货单价和期初余额等。

1. 输入原材料期初数据

（1）打开工作表"原材料"，在 A1 单元格输入"原材料"，选中 A1：H1 单元格，进行合并居中设置。

（2）在 A2 至 H2 区域依次输入"材料编码""材料名称""材料类型""型号规格""单位""数量""单价（元）""金额（元）"。标题和表头格式设置方法同供应商资料表的设置方法一样，此处不再赘述。

（3）根据表 5-3，在 A3：G7 区域输入原材料的数据。

（4）在 H3 单元格输入公式"=F3*G3"，并利用自动填充功能填充至 H7。

（5）在 A8 单元格输入"合计"，选中 A8：G8 单元格合并居中。在 H8 单元格输入公式"=SUM（H3：H7）"，得出原材料期初金额合计。

（6）选中单元格 G3：G7 后，按住"Ctrl"键，拖选 H3：H8，单击右键，选择"设置单元格格式"，在弹出的对话框中，选择"数字"选项卡，在"分类"里选择"数值"，在"小数位数"里输入"2"，为此区域设置两位小数。

生成的原材料表如图 5-3 所示。

	A	B	C	D	E	F	G	H
1	原材料							
2	材料编码	材料名称	材料类型	型号规格	单位	数量	单价（元）	金额（元）
3	C001	X材料	主要材料	L型	吨	400	40.00	16000.00
4	C002	Y材料	主要材料	L型	吨	400	35.00	14000.00
5	C003	Z材料	主要材料	L型	吨	20	28.00	560.00
6	C004	配件A	辅助材料	M型	件	100	20.00	2000.00
7	C005	配件B	辅助材料	M型	件	400	3.00	1200.00
8	合计							33760.00

图 5-3

2. 输入库存商品期初数据

（1）打开工作表"库存商品"，在 A1 单元格输入"库存商品"，选中 A1：G1 单元格，进行合并居中设置。

（2）依次在 A2 至 G2 区域输入"商品编码""商品名称""型号规格""单位""数量""单价（元）""金额（元）"。

（3）根据表 5-4，在 A3：F4 区域输入库存商品的期初数据。

（4）在 G3 单元格输入公式"=E3*F3"，并利用自动填充功能填充至 G4。

（5）在 A5 单元格输入"合计"，选中 A5：F5 单元格，进行合并居中设置。在 G5 单元格输入公式"=SUM（G3：G4）"，得出库存商品期初金额合计。

库存商品表的格式设置方法同原材料表的格式设置方法一样，此处不再赘述，生成的库存商品表如图 5-4 所示。

	A	B	C	D	E	F	G
1	库存商品						
2	商品编码	商品名称	型号规格	单位	数量	单价（元）	金额（元）
3	S001	甲设备	S型	件	20	1032.00	20640.00
4	S002	乙设备	S型	件	25	512.00	12800.00
5	合计						33440.00

图 5-4

任务三 采购与付款业务处理

在采购与付款业务处理中，需要了解企业存货购入的基本信息和付款的有关信息。企业要同供货商建立良好的合作关系，根据采购计划请购，经过审批后，签订采购合同并实施采购。订购的存货到达后，经验收合格，在入库凭证上签字，财务人员根据采购发票和签过字的入库凭证（收货单或请购单）确定付款方式，完成付款业务。利用Excel进行采购与付款业务管理，需要建立采购业务和付款业务的数据清单。

英扬有限公司的采购业务中涉及材料和配件的采购，需要建立两个工作表：采购业务表和付款业务表，分别由采购部门和财务部门记录。采购业务表是记录材料和配件采购相关信息的数据清单，付款业务表是记录付款相关信息的数据清单。

一、编制采购业务表

编制采购业务表的步骤如下：

（1）在工作簿"202001进销存管理"中，建立工作表，命名为"采购业务表"。

（2）在A1至M1区域依次输入"业务日期""采购发票号""摘要""材料编码""材料名称""型号规格""单位""进货数量""进货单价""进货金额""供应商""已付货款"和"应付货款余额"。提示："采购发票号"所在列设置格式为"文本"。

1. 编制采购业务表

（3）因为英扬公司有稳定的供应商，为了方便输入并防止输入错误，可对"供应商"列进行数据有效性设置，操作方法为：选中K列，单击"数据"选项卡下"数据有效性"，在弹出的"数据有效性"对话框中，在"有效性条件"中，"允许"设置为"序列"，"数据"设置为"介于"，在"来源"中输入"大连巨辽机械厂, 安徽荣讯机械公司, 安徽君灿工贸公司"，注意公司中间的逗号为英文格式，单击"确定"完成设置，如图5-5所示。

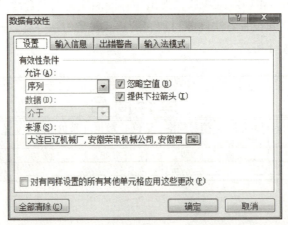

图 5-5

（4）选中K1单元格进行有效性设置，在弹出的对话框中选择"全部清除"。

（5）根据需要对某些单元格进行条件格式设置。例如，将"应付货款余额"列结清货款的单元格设置为黄色背景。操作方法为：选择M列，单击"开始"选项卡下"样式"分组中的"条件格式"按钮，选择"突出显示单元格规则"中的"等于"选项。

在数值文本框中输入"0",在"设置为"文本框中选择"黄填充色深黄色文本",如图 5-6 所示。

图 5-6

(6)根据英扬公司本月的采购资料,依次输入"业务日期""采购发票号""摘要""材料编码""进货数量""进货单价""已付货款"等列的信息。

(7)"材料名称""型号规格""单位"这几列的信息,可通过原材料工作表的对应关系自动显示,具体函数为:

E2=VLOOKUP(D2,原材料!$A$3:$H$7,2,0)

F2=VLOOKUP(D2,原材料!$A$3:$H$7,4,0)

G2=VLOOKUP(D2,原材料!$A$3:$H$7,5,0)

再用自动填充功能把单元格公式分别复制到所在列的其他单元格中。

(8)在"进货金额"一列,在 J2 单元格中输入公式"=H2*I2",并向下自动填充到该列的其他单元格中。

(9)在"应付货款余额"一列,在 M2 单元格中输入公式"=J2-L2",并向下自动填充到该列的其他单元格中。

(10)设置对齐方式为"居中",边框为"所有框线"。

采购业务表设置完成后,结果如图 5-7 所示。

	A	B	C	D	E	F	G	H	I	J	K	L	M
1	业务日期	采购发票号	摘要	材料编码	材料名称	型号规格	单位	进货数量	进货单价	进货金额	供应商	已付货款	应付货款余额
2	2020/1/1	04501211	从安徽荣讯机械公司购入X材料	C001	X材料	L型	吨	200	40.00	8000.00	安徽荣讯机械公司		8000.00
3	2020/1/5	04301202	从大连巨辽机械厂购入Z材料	C003	Z材料	L型	吨	30	30.00	900.00	大连巨辽机械厂	900.00	0.00
4	2020/1/8	04201801	从安徽君灿工贸公司采购配件A	C004	配件A	M型	件	100	21.00	2100.00	安徽君灿工贸公司		2100.00
5	2020/1/15	04301215	从大连巨辽机械厂购入配件B	C005	配件B	M型	件	200	3.00	600.00	大连巨辽机械厂		600.00
6	2020/1/15	04301215	从大连巨辽机械厂购入Y材料	C002	Y材料	L型	吨	200	35.00	7000.00	大连巨辽机械厂		7000.00
7	2020/1/18	04501235	从安徽荣讯机械公司购入X材料	C001	X材料	L型	吨	300	40.00	12000.00	大连巨辽机械厂		12000.00

图 5-7

二、编制付款业务表

编制付款业务表的步骤如下:

（1）在工作簿"202001 进销存管理"中，建立工作表，命名为"付款业务表"。

（2）在 A1 至 G1 区域依次输入"付款日期""结算方式""结算票据号""供应商""应付货款""已付货款"和"应付货款余额"。

（3）为了方便输入并防止输入错误，对"结算方式""供应商"列进行数据有效性设置。设置方式同编制采购业务表的步骤（3）~（4），其中，注意以下两列：

"结算方式"列的数据有效性设置"来源"为"现金支票，转账支票，银行汇票，银行本票，汇兑，信用证"。

"供应商"列的数据有效性设置"来源"为"大连巨辽机械厂，安徽荣讯机械公司，安徽君灿工贸公司"。

（4）根据英扬公司本月的采购付款资料，将已付款业务的付款日期、结算方式和结算票据号依次填入本表中。

（5）在 D2 单元格中，选中"大连巨辽机械厂"，在 D3 单元格中，选中"安徽荣讯机械公司"，在 D4 单元格中，选中"安徽君灿工贸公司"。

（6）在"应付货款""已付货款""应付货款余额"列输入函数，分别为：

E2=SUMIF（采购业务表!K$2：K$7，D2，采购业务表!J$2：J$7），然后向下自动填充至该列的其他单元格中；

F2=SUMIF（采购业务表!K$2：K$7，D2，采购业务表!L$2：L$7），然后向下自动填充至该列的其他单元格中；

G2=E2-F2，然后向下自动填充至该列的其他单元格中。

（7）设置对齐方式为"居中"，边框为"所有框线"。

生成的英扬公司付款业务表如图 5-8 所示。

	A	B	C	D	E	F	G
1	付款日期	结算方式	结算票据号	供应商	应付货款	已付货款	应付货款余额
2	2020-1-5	汇兑	1205	大连巨辽机械厂	20500.00	900.00	19600.00
3				安徽荣讯机械公司	8000.00	0.00	8000.00
4				安徽君灿工贸公司	2100.00	0.00	2100.00

图 5-8

任务四　销售与收款业务处理

销售是企业生产经营活动中的一个重要环节，是取得营业收入的必要手段。在销售与收款业务处理中，企业要了解有关的产品销售信息和收款结算信息，要记录与客户间的沟通联系及客户还款的情况。

使用 Excel 进行销售与收款业务处理，应建立销售业务和收款业务数据清单。产品销售业务表是记录企业销售商品和销售结算相关信息的数据表格，收款业务表是记录收款信息的数据表格。

一、建立产品销售业务表

建立产品销售业务表的步骤如下：

（1）在工作簿"202001进销存管理"中，建立工作表，命名为"产品销售业务表"。

（2）在A1至L1区域内依次输入"业务日期""摘要""客户名称""商品编码""商品名称""型号规格""单位""销售数量""销售单价""应收货款""已收货款""应收账款余额"。

（3）英扬公司的客户比较稳定，为了方便输入并防止输入错误，对"客户名称"列进行数据有效性设置，数据有效性设置"来源"为"吉林五金公司,安徽杰程机械厂,青岛东方机械公司,昆山纺织公司"，注意公司中间的逗号为英文格式。

（4）根据需要对某些单元格进行条件格式设置。为了清晰地标示出已结清款项的业务，将已结清款项的单元格设置为黄色背景。选择产品销售业务表的L列，单击"开始"选项卡下"样式"分组中的"条件格式"按钮，选择"突出显示单元格规则"中的"等于"选项。在"数值"文本框中输入"0"，在"设置为"文本框中选择"黄填充色深黄色文本"格式。

（5）根据英扬公司本月的销售数据，直接输入"业务日期""摘要""商品编码""销售数量""销售单价""已收货款"等列的内容。

（6）利用VLOOKUP函数自动计算出每个"商品编码"对应的"商品名称""型号规格"和"单位"，具体函数如下：

E2=VLOOKUP（D2，库存商品!A$2:G$4，2，0）

F2=VLOOKUP（D2，库存商品!A$2:G$4，3，0）

G2=VLOOKUP（D2，库存商品!A$2:G$4，4，0）

并利用自动填充功能填充到各自单元格所在的列。

（7）在J2单元格中输入公式"=H2*I2"，在L2单元格中输入公式"=J2-K2"，并自动填充至J3、L3单元格。

（8）设置对齐方式为"居中"，边框为"所有框线"。

生成的产品销售业务表如图5-9所示。

	A	B	C	D	E	F	G	H	I	J	K	L
1	业务日期	摘要	客户名称	商品编码	商品名称	型号规格	单位	销售数量	销售单价	应收货款	已收货款	应收账款余额
2	2020-1-3	销售甲设备	吉林五金公司	S001	甲设备	S型	件	10	2000.00	20000.00	20000.00	0.00
3	2020-1-9	销售乙设备	安徽杰程机械厂	S002	乙设备	S型	件	5	1000.00	5000.00		5000.00

图5-9

（9）为了方便进行销售结算，可在完成本模块任务五建立库存管理表后，在产品销售业务表中增加两列："销售成本"和"销售毛利"，以便通过与库存管理表的配合使用，随时获得每笔销售业务的利润。

"销售成本"等于"销售数量"乘"单位成本"(库存管理表中),在M2单元格中输入公式"=H2*SUMIF(库存管理表!B:B,E2,库存管理表!K:K)",在N2单元格中输入公式"=J2-M2",然后将这两个单元格格式向下自动填充,即可生成完善的产品销售业务表,在完成库存管理表的设置后,可生成如图5-10所示的产品销售业务表。

	A	E	F	G	H	I	J	K	L	M	N
1	业务日期	商品名称	型号规格	单位	销售数量	销售单价	应收货款	已收货款	应收账款余额	销售成本	销售毛利
2	2020-1-3	甲设备	S型	件	10	2000.00	20000.00	20000.00	0.00	10256.00	9744.00
3	2020-1-9	乙设备	S型	件	5	1000.00	5000.00		5000.00	2685.71	2314.29

图 5-10

二、建立收款业务表

建立收款业务表的步骤如下:

(1)在工作簿"202001 进销存管理"中,建立工作表,命名为"收款业务表"。

(2)在A1至G1区域单元格中依次输入"收款日期""结算方式""结算票据号""客户名称""应收货款""已收货款""应收账款余额"。

(3)对"结算方式"和"客户名称"进行有效性设置,"结算方式"的数据有效性设置"来源"同付款业务表一样,"客户名称"的数据有效性设置"来源"同产品销售业务表一样。

(4)根据英扬公司本月的销售收款资料,将已收款业务的收款日期、结算方式和结算票据号依次填入本表中。

(5)在D2:D5区域内,依次选择"吉林五金公司、安徽杰程机械厂、青岛东方机械公司、昆山纺织公司"。在E2单元格中输入公式"=SUMIF(产品销售业务表!C$2:C$3,D2,产品销售业务表!J$2:J$3)",在F2单元格中输入公式"=SUMIF(产品销售业务表!C$2:C$3,D2,产品销售业务表!K$2:K$3)",并自动填充到本列其他单元格中。

(6)在G2单元格中输入公式"=E2-F2",并自动填充到G3:G5。

(7)设置对齐方式为"居中",边框为"所有框线"。

设置完成的收款业务表如图5-11所示。

	A	B	C	D	E	F	G
1	收款日期	结算方式	结算票据号	客户名称	应收货款	已收货款	应收账款余额
2	2020-1-27	汇兑	23124	吉林五金公司	20000.00	20000.00	0.00
3				安徽杰程机械厂	5000.00	0.00	5000.00
4				青岛东方机械公司	0.00	0.00	0.00
5				昆山纺织公司	0.00	0.00	0.00

图 5-11

任务五 库存管理

库存管理是企业进销存管理中不可缺少的环节,与采购管理和销售管理紧密相连。无论是采购的原材料还是企业的库存商品,都需要进行入库和出库统计。本任务介绍使用 Excel 进行存货入库和出库统计的方法,以及如何运用 Excel 对库存量进行控制。

一、建立车间领用材料表

建立车间领用材料表的步骤如下:

(1)在工作簿"202001 进销存管理"中,建立工作表,命名为"车间领用材料表"。

(2)在 A1 至 I1 区域单元格中依次输入"业务日期""摘要""材料编码""材料名称""型号规格""单位""销售/领用数量""单位成本""销售/领用金额"。

(3)工作表中的"业务日期""摘要""材料编码""销售/领用数量"这几列根据英扬公司本月的材料领用情况直接输入,"材料名称""型号规格"和"单位"这几列可以通过 VLOOKUP 函数的公式自动生成,函数如下:

D2=VLOOKUP(C2,原材料!$A$3:$H$7,2,0)

E2=VLOOKUP(C2,原材料!$A$3:$H$7,4,0)

F2=VLOOKUP(C2,原材料!$A$3:$H$7,5,0)

并自动填充到同一列其他单元格中。

(4)工作表中的"单位成本"设置函数如下:

H2=VLOOKUP(C2,库存管理表!$A$1:$K$8,11,0),并自动填充至本列其他单元格中。

注意:该项数据需要在完成本模块任务五建立库存管理表后,自动引用库存管理表中的单位成本数据。

(5)在 I2 单元格中输入公式"=G2*H2",并自动填充至 I3:I6。

(6)设置对齐方式为"居中",边框为"所有框线"。

在完成库存管理表的全部设置后,即可得到车间领用材料表的全部数据,如图 5-12 所示。

	A	B	C	D	E	F	G	H	I
1	业务日期	摘要	材料编码	材料名称	型号规格	单位	销售/领用数量	单位成本	销售/领用金额
2	2020-1-11	生产领料	C001	X材料	L型	吨	300	40.00	12000.00
3	2020-1-11	生产领料	C002	Y材料	L型	吨	300	35.00	10500.00
4	2020-1-11	生产领料	C003	Z材料	L型	吨	10	29.20	292.00
5	2020-1-26	生产领料	C004	配件A	M型	件	100	20.50	2050.00
6	2020-1-26	生产领料	C005	配件B	M型	件	300	3.00	900.00

图 5-12

二、建立完工产品表

建立完工产品表的步骤如下：

（1）在工作簿"202001进销存管理"中，建立工作表，命名为"完工产品表"。

（2）在A1至I1区域单元格中依次输入"完工日期""生产车间""商品编码""商品名称""型号规格""单位""完工数量""单位成本""完工成本"。

（3）根据英扬公司本月生产完工入库资料填写完工产品表的前三列。

（4）利用VLOOKUP函数自动计算出每个"商品编码"对应的"商品名称""型号规格"和"单位"，具体函数如下：

D2=VLOOKUP（C2，库存商品!A$2：G$5，2，0）

E2=VLOOKUP（C2，库存商品!A$2：G$5，3，0）

F2=VLOOKUP（C2，库存商品!A$2：G$5，4，0）

并利用自动填充功能填充到各自单元格所在的列。

（5）根据英扬公司本月生产完工入库资料填写"完工数量""单位成本"两列，在I2单元格中输入公式"=G2*H2"，并将该公式复制到I3单元格。

（6）设置对齐方式为"居中"，边框为"所有框线"。

生成的完工产品表如图5-13所示。

	A	B	C	D	E	F	G	H	I
1	完工日期	生产车间	商品编码	商品名称	型号规格	单位	完工数量	单位成本	完工成本
2	2020-1-28	一车间	S001	甲设备	S型	件	5	1000.00	5000.00
3	2020-1-28	一车间	S002	乙设备	S型	件	10	600.00	6000.00

图5-13

三、建立库存管理表

英扬有限公司采用月末一次加权平均法计算发出存货的成本，该方法是用本月全部进货成本加上月初存货成本，除以本月全部进货数量加上月初存货数量，计算出存货的加权平均单位成本，以此为基础计算本月发出存货的成本和本月结存存货的成本。

计算公式如下：

存货单位成本＝［月初结存存货的实际成本＋∑（本月各批进货的实际单位成本 × 本月各批进货的数量）］÷（月初结存存货数量＋本月各批进货数量之和）

本月发出存货的成本＝本月发出存货的数量 × 存货单位成本

本月结存存货的成本＝月初结存存货的实际成本＋本月购入存货的实际成本 － 本月发出存货的实际成本

建立库存管理表的步骤如下：

（1）在工作簿"202001进销存管理"中，建立工作表，命名为"库存管理表"。

（2）在 A1 至 K1 区域单元格中依次输入"商品编码""商品名称""期初结存数量""期初结存成本""完工/购入数量""本期增加金额""发出数量""发出成本""库存数量""期末结存成本""单位成本"。

（3）利用条件格式对库存数量进行监控。例如，想设置成当 X 材料、Y 材料、Z 材料库存数量小于 100 吨时，应及时补充进货；当大于 500 吨时，提醒不再进货。选择库存管理表的 I2：I4 单元格，选择"开始"选项卡下"条件格式"按钮，选择"突出显示单元格规则"中的"大于"选项。在"数值"文本框中输入"500"，在"设置为"文本框中选择"浅红填充色深红色文本"格式。继续设置数量小于 100 的突出显示方式，选择"突出显示单元格规则"中的"小于"选项，在"数值"文本框中输入"100"，在"设置为"文本框中选择"黄填充色深黄色文本"格式。如想清除所设置的条件格式，选中单元格区域后单击"条件格式"里的"清除规则"，选择"清除所选单元格的规则"即可，操作过程如图 5-14 所示。

图 5-14

（4）工作表中"商品编码"和"商品名称"列直接根据原材料表和库存商品表引入。公式如下：

A2=原材料!A3，并将该公式复制至 A3：A6。

A7=库存商品!A3，并将该公式复制到 A8。

B2=原材料!B3，并将该公式复制至 B3：B6。

B7=库存商品!B3，并将该公式复制到 B8。

（5）C 列至 I 列所用函数如下：

C2=SUMIF（原材料!B：B，B2，原材料!F：F），并将该公式复制至 C3：C6。
C7=SUMIF（库存商品!B：B，B7，库存商品!E：E），并将该公式复制至 C8。
D2=SUMIF（原材料!B：B，B2，原材料!H：H），并将该公式复制至 D3：D6。
D7=SUMIF（库存商品!B：B，B7，库存商品!G：G），并将该公式复制至 D8。
E2=SUMIF（采购业务表!E：E，B2，采购业务表!H：H），并将该公式复制至 E3：E6。
E7=SUMIF（完工产品表!D：D，B7，完工产品表!G：G），并将该公式复制至 E8。
F2=SUMIF（采购业务表!E：E，B2，采购业务表!J：J），并将该公式复制至 F3：F6。
F7=SUMIF（完工产品表!D：D，B7，完工产品表!I：I），并将该公式复制至 F8。
G2=SUMIF（车间领用材料表!D：D，B2，车间领用材料表!G：G），并将公式复制至 G3：G6。
G7=SUMIF（产品销售业务表!E：E，B2，产品销售业务表!H：H），并将该公式复制至 G8。
H2=G2*K2，并自动填充至 H3：H8。
I2=C2+E2-G2，并自动填充至 I3：I8。

（5）在 K2 单元格中输入公式"=（D2+F2）/（C2+E2）"，在 J2 单元格中输入公式"=D2+F2-H2"，并运用自动填充功能填充至本列其他单元格中。

（6）设置对齐方式为"居中"，边框为"所有框线"，生成的库存管理表如图 5-15 所示。

	A	B	C	D	E	F	G	H	I	J	K
1	商品编码	商品名称	期初结存数量	期初结存成本	完工/购入数量	本期增加金额	发出数量	发出成本	库存数量	期末结存成本	单位成本
2	C001	X材料	400	16000.00	500	20000.00	300	12000.00	600	24000.00	40.00
3	C002	Y材料	400	14000.00	200	7000.00	300	10500.00	300	10500.00	35.00
4	C003	Z材料	20	560.00	30	900.00	10	292.00	40	1168.00	29.20
5	C004	配件A	100	2000.00	100	2100.00	100	2050.00	100	2050.00	20.50
6	C005	配件B	400	1200.00	200	600.00	300	900.00	300	900.00	3.00
7	S001	甲设备	20	20640.00	5	5000.00	10	10256.00	15	15384.00	1025.60
8	S002	乙设备	25	12800.00	10	6000.00	5	2685.71	30	16114.29	537.14

图 5-15

在实际应用中，可以根据业务需要分别建立原材料库存管理表和库存商品库存管理表，以便于对不同的存货进行分类管理和控制。

本章小结

本章介绍了运用 Excel 对进销存业务进行管理的方法，首先分析需求，接着完成四个任务：输入期初数据、采购与付款业务处理、销售与收款业务处理和库存管理，要求学生学会使用 Excel 设计进销存管理系统。

实　训

1. 实训目的
学会使用 Excel 设计进销存管理系统。

2. 实训资料
鑫鼎有限公司主要从事生产、销售五金产品活动，采用月末一次加权平均法计算发出存货的成本。该公司现决定运用 Excel 工具和函数对其进销存业务进行管理。该公司 2020 年 1 月的供应商资料、客户资料、原材料、库存商品如表 5–5 ~ 表 5–8 所示。

表 5–5　供应商资料

供应商编号	供应商名称	开户银行	账号	纳税人识别号
M001	北京信义机械厂	建行和平里支行	622205050000134	91113221000040212P
M002	沈阳工贸公司	中行云飞街支行	636536000568760	91215546500007867A
M003	大连配件供应公司	工行金沙滩支行	655698300007845	91210000588234123S

表 5–6　客户资料

客户编号	客户名称	开户银行	账号	纳税人识别号
N001	山东五金商行	中行南京路支行	532787608893453	91370000188042977C
N002	河北机械厂	工行上海路支行	423465488888523	91410000453X634N9H
N003	东方机械公司	工行古塔区支行	623768698636666	91216380000769872A
N004	合肥商贸公司	农行四季支行	853687978988888	91340100723549709R

表 5–7　原材料

材料编码	材料名称	材料类型	型号规格	单位	数量	单价（元）	金额（元）
A001	甲材料	主要材料	豪华型	套	500	40.00	
A002	乙材料	主要材料	豪华型	套	500	30.00	
A003	丙材料	主要材料	经典型	套	1 000	20.00	
A004	辅料 A	辅助材料	豪华型	件	500	15.00	
A005	辅料 B	辅助材料	经典型	件	1 000	10.00	
合计							

表 5-8　库存商品

商品编码	商品名称	型号规格	单位	数量	单价（元）	金额（元）
B001	X产品	豪华型	台	1 000	200.00	
B002	Y产品	经典型	台	1 500	80.00	
合计						

鑫鼎有限公司2020年1月的进销存业务如下：

（1）1日，从北京信义机械厂购入甲材料2 000套，单价42元，采购发票号04258256。

（2）2日，销售给山东五金商行Y产品1 000台，单价150元。

（3）2日，从沈阳工贸公司购入丙材料2 000套，单价20元，材料验收入库，款项已电汇，结算单据号1208，采购发票号04258605。

（4）8日，从大连配件供应公司采购辅料A 2 000件，单价18元，材料验收入库。货款未付，采购发票号04202012。

（5）9日，销售X产品800台给合肥商贸公司，单价400元。

（6）10日，组装车间完工入库X产品2 000台，单位成本195元；完工入库Y产品4 000台，单位成本85元。

（7）10日，从北京信义机械厂购入乙材料2 000套，单价30元；购入辅料B 2 000件，单价11元，采购发票号04301218。

（8）11日，组装车间领用材料，包括甲材料2 200套，乙材料2 200套，丙材料2 500套，辅料A 2 200件，辅料B 2 500件。

（9）20日，收到销售给山东五金商行Y产品的价款150 000元，结算票据号23126。

（10）22日，销售给东方机械公司X产品1 500台，单价380元；Y产品2 000台，单价145元。

（11）结转本月完工产品成本。

（12）结转本月销售产品成本。

3. 实训要求

要求：运用Excel为鑫鼎有限公司进行进销存管理。其中原材料设置为小于500需要订货，一旦达到1 000，则不再订货。

（1）建立工作表"供应商资料""客户资料""原材料""库存商品"，完成数据录入、格式设置和函数输入。

（2）建立工作表"采购业务表""付款业务表"，完成采购与付款业务处理。

（3）建立工作表"产品销售业务表""收款业务表"，完成销售与收款业务处理。

（4）建立工作表"车间领用材料表""完工产品表""库存管理表"，完成库存管理。

模块六

Excel 在应收账款管理中的应用

> **知识目标**
> - 掌握 Excel 应收账款基本资料设置。
> - 掌握应收账款账龄分析方法。
> - 掌握 IF 函数在应收账款管理中的应用。
>
> **能力目标**
> - 学会使用 Excel 设计应收账款管理系统。
> - 学会使用 IF 函数识别到期的应收账款并设置账龄。
>
> **素质目标**
> - 强化学生管理应收账款的意识。
> - 加深学生对谨慎性会计原则的理解。
> - 培养学生的会计职业沟通和协调能力。

任务一　分析背景材料

一、背景资料

英扬有限公司主要从事生产、销售小型设备业务活动，现决定运用 Excel 工具和函数构建应收账款管理系统。该公司 2020 年 9 月 30 日的客户及应收账款信息如表 6-1 所示。

表 6-1　客户及应收账款信息

客户编号	客户名称	发票号码	开票日期	收款期限（天）	应收账款余额（元）
B001	吉林五金公司	25909801	2019-5-3	60	200 000.00
B002	安徽杰程机械厂	25909839	2019-11-11	90	150 000.00
B003	青岛东方机械公司	25909840	2020-1-30	60	80 000.00
B004	昆山纺织公司	25909852	2020-2-5	90	30 000.00
B005	大连海生公司	25909853	2020-6-20	90	155 300.00
B006	营口天一设备厂	25909855	2020-6-6	60	81 950.00
B007	辽宁信阳商行	25909856	2020-7-12	60	5 000.00
B008	锦州万福集团	25909860	2020-8-1	90	34 560.00
B009	鞍山弘扬机械公司	25909865	2020-8-15	90	12 000.00
B010	沈阳君灿公司	25909867	2020-8-20	30	50 000.00

英扬公司的信用政策如下：

（1）公司根据不同客户的资信情况确定信用期限，分为 30 天、60 天和 90 天三种。

（2）根据历史交易情况，将应收账款的账龄划分为"未逾期""0-60 天""61-120 天""121-365 天""366-720 天"和"721 天以上"。

（3）公司采用备抵法对坏账损失进行估计，运用的方法为账龄分析法，根据账龄估计对应的损失比例分别为 0.5%、1%、2%、5%、10% 和 50%，该公司此前"坏账准备"账户的账面余额为 13 000 元。

二、分析

应收账款是指企业销售商品、提供服务等经营活动，应向购货单位或接受服务的单位收取的款项。应收账款的周转对于企业财务管理至关重要，它涉及企业能否及时收回资金、现金流的周转是否顺畅。做好应收账款管理，可以降低企业资金占用成本，提高资金利用效率，是企业财务管理的一个重要方面。

运用 Excel 对企业的应收账款进行管理，首先需要建立应收账款管理的基本资料，然后在日常生产经营中对应收账款进行实时更新和管理，定期通过有关图表对应收账款进行分析。对逾期的应收账款要予以足够的重视，及时催收，以减少坏账损失，对应收账款按照会计准则的要求计提坏账准备。

若要完成英扬公司 2020 年 9 月的应收账款管理工作，需分成以下几个步骤：

1. 建立应收账款表并识别到期的应收账款

启动 Excel，建立一个工作簿，工作簿命名为"202009 应收账款管理"，输入应收账款基本资料，并判断应收账款是否已经到期。

2. 对应收账款进行账龄分析

完成应收账款账龄设置工作，在此基础上建立应收账款账龄分析表和应收账款账龄金额分析图。

3. 计提坏账准备

建立坏账准备计提表，运用账龄分析法，按照估计的损失比例和此前"坏账准备"账户的账面余额，计提公司的坏账准备。

任务二　建立应收账款表并识别到期的应收账款

一、建立应收账款表

建立应收账款表的步骤如下：

（1）启动 Excel，建立一个工作簿，工作簿命名为"202009 应收账款管理"，建立工作表并命名为"应收账款表"。

（2）在 A1 单元格输入"应收账款表"，选中 A1：N1 区域，进行合并居中设置，设置标题字体格式为"黑体""22 号""会计用双下划线"。

（3）在 A2 至 N2 单元格内依次输入"客户编号""客户名称""发票号码""开票日期""收款期限（天）""应收账款余额（元）""到期日""是否到期""未逾期""0-60 天""61-120 天""121-365 天""366-720 天""721 天以上"。

（4）根据表 6-1 的数据，输入 A3：F12 区域的其他内容。

（5）在 A13 单元格输入"应收账款合计："，选中 A13：H13 区域，进行合并居中设置。

（6）在 G14 单元格输入"今天日期"，在 I14 单元格输入"2020-9-30"。

（7）选中 A2：N13 区域，选择"所有框线"，设置完毕后生成的应收账款表左部分如图 6-1 所示。

图 6-1 的上方显示应收账款表：

客户编号	客户名称	发票号码	开票日期	收款期限（天）	应收账款余额（元）	到期日	是否到期	未逾期	0-60天	61-120
B001	吉林五金公司	25909801	2019-5-3	60	200000.00					
B002	安徽木程机械厂	25909839	2019-11-11	90	150000.00					
B003	青岛东方机械公司	25909840	2020-1-30	60	80000.00					
B004	昆山纺织公司	25909852	2020-2-5	90	30000.00					
B005	大连海生公司	25909853	2020-6-20	90	155300.00					
B006	营口天一设备厂	25909855	2020-6-6	60	81950.00					
B007	辽宁信阳商行	25909856	2020-7-12	60	5000.00					
B008	锦州万福集团	25909860	2020-8-1	90	34560.00					
B009	鞍山弘扬机械公司	25909865	2020-8-15	90	12000.00					
B010	沈阳君灿公司	25909867	2020-8-20	30	50000.00					
			应收账款合计：							
						今天日期		2020-9-30		

图 6-1

二、识别到期的应收账款

利用 IF 函数可以判断并识别各项应收账款是否已经到期。如果到期日小于当前日期，说明应收账款已经到期；如果到期日大于当前日期，则说明应收账款还未到期。

设置步骤如下：

（1）确定到期日，在 G3 单元格输入"=D3+E3"，并将该公式复制至 G4：G12 区域，即"到期日 = 开票日期 + 收款期限"。

（2）在 H3 单元格输入"=IF（G3<$I$14，"是"，"否"）"，注意符号为英文格式（下同），按回车键后即可显示该笔应收账款是否到期。

（3）将公式自动填充至 H4：H12 区域。并对 H3：H12 区域的单元格进行条件格式设置，单击"开始"选项卡，选择"样式"分组里的"条件格式"，选择"突出显示单元格规则"，在其下级菜单里选择"等于"，如图 6-2 所示。在打开的"等于"选项卡里，设置等于"是"的单元格为"浅红填充色深红色文本"格式，即可对已经到期的应收账款突出显示，方便识别，如图 6-3 所示。单击"确定"后，效果如图 6-4 所示。

图 6-2

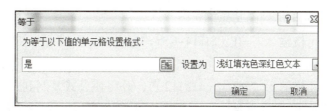

图 6-3

	A	B	C	D	E	F	G	H	I
1						应收账款表			
2	客户编号	客户名称	发票号码	开票日期	收款期限（天）	应收账款余额（元）	到期日	是否到期	未逾期
3	B001	吉林五金公司	25909801	2019/5/3	60	200000.00	2019/7/2	是	
4	B002	安徽杰程机械厂	25909839	2019/11/11	90	150000.00	2020/2/9	是	
5	B003	青岛东方机械公司	25909840	2020/1/30	60	80000.00	2020/3/30	是	
6	B004	昆山纺织公司	25909852	2020/2/5	90	30000.00	2020/5/5	是	
7	B005	大连海生公司	25909853	2020/6/20	90	155300.00	2020/9/18	是	
8	B006	营口天一设备厂	25909855	2020/6/6	60	81950.00	2020/8/5	是	
9	B007	辽宁信阳商行	25909856	2020/7/12	60	5000.00	2020/9/10	是	
10	B008	锦州万福集团	25909860	2020/8/1	90	34560.00	2020/10/30	否	
11	B009	鞍山弘扬机械公司	25909865	2020/8/15	90	12000.00	2020/11/13	否	
12	B010	沈阳君灿公司	25909867	2020/8/20	30	50000.00	2020/9/19	是	
13				应收账款合计:					

图 6-4

任务三　应收账款账龄分析

一、设置应收账款账龄

应收账款账龄分析是依据企业应收账款的账龄划分账龄组来进行的，可将应收账款按账龄长短分成若干组，并按组估计坏账损失的可能性。

设置应收账款账龄的步骤如下：

（1）在 I3 单元格输入“=IF（$I$14-G3<0，F3，“--”）”，并自动填充至本列的其他单元格。即如果该项应收账款未逾期，则返回值为该笔应收账款的余额，如果不满足条件，则返回值为“--”。

（2）在 J3 单元格输入“=IF（AND（$I$14-G3>0，$I$14-G3<=60），F3，“--”）”，并自动填充至本列的其他单元格。

（3）在 K3 单元格输入“=IF(AND($I$14-G3>61，$I$14-G3<=120），F3，“--”）”，并自动填充至本列的其他单元格。

（4）在 L3 单元格输入“=IF（AND（$I$14-G3>121，$I$14-G3<=365），F3，“--”）”，并自动填充至本列的其他单元格。

（5）在 M3 单元格输入“=IF（AND（$I$14-G3>366，$I$14-G3<=720），F3，

"--")",并自动填充至本列的其他单元格。

(6)在 N3 单元格输入"=IF($I$14-G3>=721,F3,"--")",并自动填充至本列的其他单元格。

(7)在 I13 单元格输入"=SUM(I3:I12)",并将该公式复制到 J13:N13 区域,得出各个账龄组的应收账款余额合计,该表的 F 列 F3:F12 应收账款余额合计与第 13 行 I13:N13 区域各账龄组的应收账款合计的总和相等,如果不相等,则证明公式设置有误,需要核对并修正。

设置完毕的应收账款表如图 6-5 所示。

D	E	F	G	H	I	J	K	L	M	N
应收账款表											
开票日期	收款期限(天)	应收账款余额(元)	到期日	是否到期	未逾期	0-60天	61-120天	121-365天	366-720天	721天以上
2019-5-3	60	200000.00	2019-7-2	是	--	--	--	--	200000.00	--
2019-11-11	90	150000.00	2020-2-9	是	--	--	--	150000.00	--	--
2020-1-30	60	80000.00	2020-3-30	是	--	--	--	80000.00	--	--
2020-2-5	90	30000.00	2020-5-5	是	--	--	--	30000.00	--	--
2020-6-20	90	155300.00	2020-9-18	是	--	155300.00	--	--	--	--
2020-6-6	60	81950.00	2020-8-5	是	--	81950.00	--	--	--	--
2020-7-12	60	5000.00	2020-9-10	是	--	5000.00	--	--	--	--
2020-8-1	90	34560.00	2020-10-30	否	34560.00	--	--	--	--	--
2020-8-15	90	12000.00	2020-11-13	否	12000.00	--	--	--	--	--
2020-8-20	30	50000.00	2020-9-19	是	--	50000.00	--	--	--	--
应收账款合计:					46560.00	292250.00	0.00	260000.00	200000.00	0.00

图 6-5

二、建立应收账款账龄分析表

应收账款账龄分析表所提供的信息,可使企业管理者了解应收账款拖欠的情况,判断应收账款的可收回程度和可能发生的损失。利用该表,企业管理者还可酌情做出采取放宽或紧缩的商业信用政策,并可作为衡量负责收款部门和资信部门工作效率的依据。

1. 建立应收账款账龄分析表

建立应收账款账龄分析表的步骤如下:

(1)在工作簿"202009 应收账款管理"中建立工作表,并命名为"应收账款账龄分析表"。

(2)在 A1 单元格输入"应收账款账龄分析表",选中 A1:C1 区域,进行合并居中设置,设置标题字体格式为"黑体""22 号""会计用双下划线",并调整列宽。

(3)在单元格 A3:C3 内依次输入"账龄""应收账款余额""百分比"。

(4)选择应收账款表的 I2:N2 区域,单击右键选择复制。

(5)单击应收账款账龄分析表的 A4 单元格,单击右键,选择"选择性粘贴",在弹出的如图 6-6 所示的对话框中,在"粘贴"中选择"数值",在"运算"中选择"无",在"转置"前勾选,单击"确定"按钮,即可将账龄区域垂直复制于 A4:A9 区域。

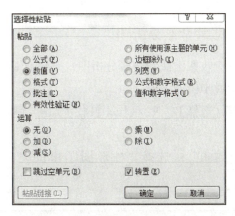

图 6–6

（6）采用和步骤（4）（5）同样的方法，将应收账款表的 I13：N13 区域复制到 B4：B9 区域，如图 6–7 所示。

	A	B	C
1	应收账款账龄分析表		
2			
3	账龄	应收账款余额	百分比
4	未逾期	46560.00	
5	0-60天	292250.00	
6	61-120天	0.00	
7	121-365天	260000.00	
8	366-720天	200000.00	
9	721天以上	0.00	
10			

图 6–7

（7）在 A10 单元格中输入“合计”，在 B10 单元格运用 SUM 函数求出应收账款余额合计。

（8）在 C4 单元格中输入“=B4/$B$10”，并将该公式复制到 C5：C10 区域。

（9）选中 C4：C10 单元格区域，单击右键选择“设置单元格格式”，在弹出的对话框中，“数字”选择“百分比”，“小数位数”选择“2”，单击“确定”按钮，完成设置，此时该列显示不同账龄组的应收账款占应收账款合计的比例。

（10）选择 A3：C10 区域，将边框设置为“所有框线”，建立的应收账款账龄分析表如图 6–8 所示。

	A	B	C
1	应收账款账龄分析表		
2			
3	账龄	应收账款余额	百分比
4	未逾期	46560.00	5.83%
5	0-60天	292250.00	36.59%
6	61-120天	0.00	0.00%
7	121-365天	260000.00	32.55%
8	366-720天	200000.00	25.04%
9	721天以上	0.00	0.00%
10	合计	798810.00	100.00%

图 6–8

三、建立应收账款账龄金额分析图

公司还可以通过建立应收账款账龄金额分析图，来更直观地了解企业的应收账款账龄结构。设置步骤如下：

2. 应收账款账龄金额分析图

（1）打开应收账款表，选择I2：N2区域，按住"Ctrl"键，选择I13：N13区域。

（2）单击选项卡"插入"，选择"柱形图"里的"三维柱形图"，如图6-9所示。

图6-9

（3）单击弹出的柱形图，单击选项卡"布局"，单击"图表标题"，选择"居中覆盖标题"，如图6-10所示，输入标题"应收账款账龄金额分析图"，并根据需要调整标题格式及位置，如图6-10所示。

（4）选中生成的应收账款账龄金额分析图，单击选项卡"设计"，单击"移动图表"，如图6-11所示，在弹出的对话框中，如图6-12所示，选择"新工作表"，输入新工作表的名字"应收账款账龄金额分析图"，单击"确定"按钮，即可将该应收账款账龄金额分析图移动至新工作表，且新工作表成功命名为"应收账款账龄金额分析图"，并调整到该工作簿的适当位置。

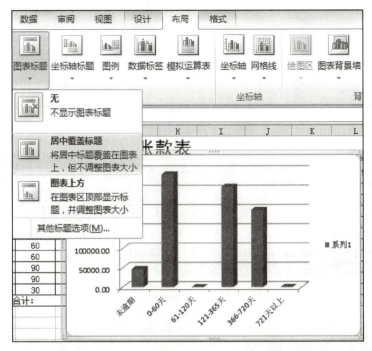

图 6-10

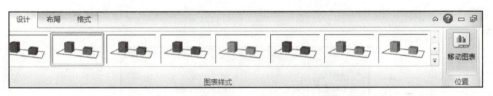

图 6-11

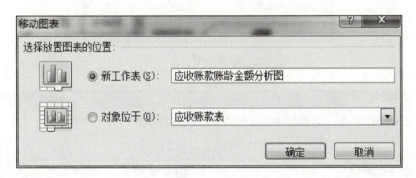

图 6-12

（5）修改图例。单击选项卡"设计"，单击"数据"组里的"选择数据"，如图 6-13 所示，此时弹出"选择数据源"对话框，如图 6-14 所示，单击"系列 1"后，单击"编辑"按钮，弹出"编辑数据系列"对话框，如图 6-15 所示，在其"系列名称"里输入"=应收账款表!$A$13"，也可通过单击工作表应收账款表里的单元格 A13 代替输入，之后单击"确定"按钮，此时"选择数据源"对话框如图 6-16 所示，单击"确定"按钮，即可完成修改图例。

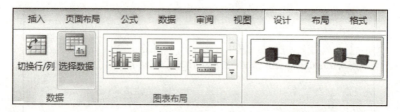

图 6-13

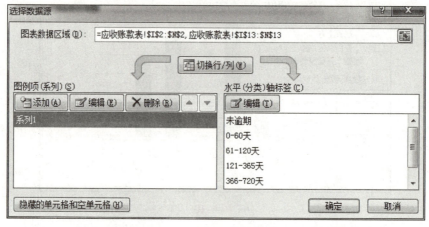

图 6-14

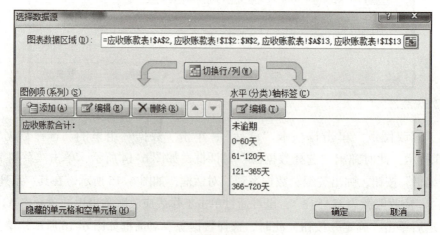

图 6-15

图 6-16

设置完成的应收账款账龄金额分析图如图 6-17 所示。

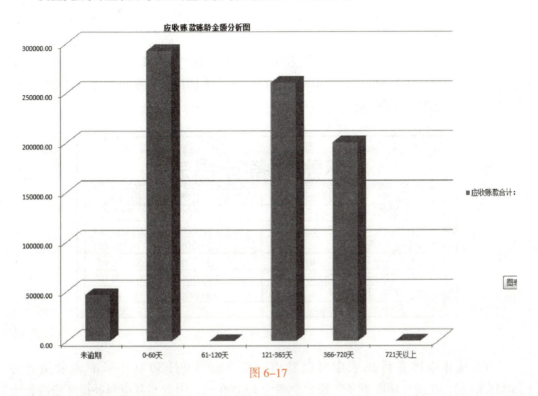

图 6-17

四、计提坏账准备

企业的应收账款可能会因客户拒付、破产、死亡等原因而无法收回，这类无法收回的应收账款就是坏账。企业应当在资产负债表日对应收账款的账面价值进行评估，对于发生减值的应收账款应当确认信用减值损失，并计提坏账准备。

根据表 6-1，运用 Excel 进行计提坏账准备的操作步骤如下：

（1）在工作簿"202009 应收账款管理"中建立工作表，并命名为"坏账准备计提表"。

（2）在 A1 单元格输入"坏账准备计提表"，选中 A1：D1 区域，进行合并居中设置，设置标题字体格式为"黑体""22 号""会计用双下划线"，并调整列宽。

（3）在单元格 A2:D2 内依次输入"账龄""应收账款余额""估计损失比例"和"估计损失金额"，选中 A2：D9 区域，设置边框为"所有框线"。

（4）在 A3 单元格输入"= 应收账款账龄分析表 !A4"，并将该公式复制至 A4：A8 区域。

（5）在 B3 单元格输入"= 应收账款账龄分析表 !B4"，并将该公式复制至 B4：B8 区域。这样可将应收账款账龄分析表中的账龄数据和应收账款余额数据自动引用到坏账准备计提表中。

（6）在 C3 至 C8 单元格，设置单元格数字格式为"百分比"，保留 2 位小数，依次录入"0.5""1""2""5""10""50"。

（7）因为估计损失金额＝应收账款余额×估计损失比例，所以在D3单元格输入"=B3*C3"，并将该公式复制至D4：D8区域。

（8）在A9单元格输入"合计"，在B9单元格输入"=SUM（B3：B8）"，在D9单元格输入"=SUM（D3：D8）"，即可得出该公司9月末估计的坏账损失总额。生成的坏账准备计提表如图6-18所示。

	A	B	C	D
1	坏账准备计提表			
2	账龄	应收账款余额	估计损失比例	估计损失金额
3	未逾期	46560.00	0.50%	232.80
4	0-60天	292250.00	1.00%	2922.50
5	61-120天	0.00	2.00%	0.00
6	121-365天	260000.00	5.00%	13000.00
7	366-720天	200000.00	10.00%	20000.00
8	721天以上	0.00	50.00%	0.00
9	合计	798810.00		36155.30

图6-18

（9）从坏账准备计提表中可以看出，英扬公司9月30日坏账准备余额应为36 155.30元，此前"坏账准备"账户余额为13 000元，因此当月应当补提坏账准备金额为36 155.30–13 000=23 155.30（元）。

本章小结

本项目介绍了运用Excel对应收账款管理的流程和设置，首先需要建立应收账款表，输入应收账款的基本信息，对账龄进行设置，在此基础上建立应收账款账龄分析表和应收账款账龄金额分析图，并建立坏账准备计提表，根据月末估计损失金额合计和"坏账准备"账户的账面余额，确定本月应当计提或转回的坏账准备。完成上述操作后，即可掌握Excel在应收账款管理中的应用。

实训

1. 实训目的
掌握Excel在应收账款管理中的应用。

2. 实训资料
英扬公司持续运用Excel对应收账款进行管理，对逾期应收账款进行了积极的催收工作，在2020年10月31日，该公司的客户及应收账款信息如表6-2所示。

表 6–2　客户及应收账款信息

客户编号	客户名称	发票号码	开票日期	收款期限（天）	应收账款余额（元）
B001	吉林五金公司	25909801	2019-5-3	60	100 000.00
B003	青岛东方机械公司	25909840	2020-1-30	60	40 000.00
B004	昆山纺织公司	25909852	2020-2-5	90	30 000.00
B007	辽宁信阳商行	25909856	2020-7-12	60	5 000.00
B009	鞍山弘扬机械公司	25909865	2020-8-15	90	12 000.00
B010	沈阳君灿公司	25909867	2020-8-20	30	5 000.00
B002	安徽杰程机械厂	25909878	2020-10-2	90	30 000.00
B006	营口天一设备厂	25909879	2020-10-5	60	85 000.00
B008	锦州万福集团	25909881	2020-10-10	90	80 000.00

英扬公司的信用政策如下：

英扬公司仍继续采用原有的信用政策，采用账龄分析法计提坏账准备，2020 年 9 月 30 日末，该公司"坏账准备"账户的期末余额为 23 155.30 元。

3. 实训要求

要求：根据英扬公司采用的信用政策和账龄分析方法，完成以下任务：

（1）建立英扬公司 2020 年 10 月的应收账款表。

（2）建立英扬公司 2020 年 10 月的应收账款账龄分析表。

（3）建立英扬公司 2020 年 10 月的应收账款账龄金额分析图。

（4）建立英扬公司 2020 年 10 月的坏账准备计提表，并确定本月应当计提或转回的坏账准备金额。

模块七

Excel 在固定资产管理中的应用

➤ **知识目标**
- 了解用 Excel 进行固定资产管理的主要内容。
- 掌握用 Excel 进行固定资产折旧计算的方法。

➤ **能力目标**
- 能使用 Excel 制作固定资产卡片。
- 能使用 Excel 处理固定资产折旧。
- 能使用 Excel 制作折旧费用分配表。

➤ **素质目标**
- 培养学生树立时间价值观念,按时录入固定资产卡片、生成固定资产清单、准确计提折旧的职业精神。
- 培养学生爱岗敬业、细心踏实的职业品质。

任务一 分析背景材料

一、背景资料

山海有限公司 2020 年 5 月计划启用 Excel 管理固定资产。公司目前固定资产的管理流程如下：

（1）资产购入后，先由相关部门验收，出具意见书，即填写验收单；
（2）凭此验收单填写固定资产入库单，送交财务部一份；
（3）财务部对购入的固定资产进行编号，填写固定资产卡片，贴上资产封条；
（4）使用人办理资产使用手续。

公司现有企划部、组装部、机修部、后勤部、财务部、销售部 6 个部门，固定资产的所属部门使用固定资产并负责其日常维护。

目前山海公司的固定资产分为四类，类别编号及名称为：01——厂房建筑物；02——生产设备；03——办公设备；04——交通运输设备。四类固定资产的残值率分别为 5%、5%、3%、4%。各类固定资产的详细信息如表 7–1 所示。

表 7–1 各类固定资产的详细信息

资产编号	使用部门	固定资产名称	增加方式	使用状况	使用年限	开始使用日期	折旧方法	固定资产原值（元）
1001	企划部	办公楼	在建工程转入	在用	30	2013/7/10	直线法	1 300 000
1002	组装部	厂房	在建工程转入	在用	30	2013/7/15	直线法	1 100 000
1003	机修部	厂房	在建工程转入	在用	30	2013/7/1	直线法	600 000
1004	组装部	车床	直接购入	在用	10	2013/9/18	直线法	500 000
1005	组装部	铣床	直接购入	在用	10	2013/9/7	直线法	250 000
1006	组装部	钳工平台	直接购入	在用	10	2013/9/1	直线法	100 000
1007	组装部	专用量具	直接购入	在用	10	2013/9/5	直线法	80 000
1008	组装部	磨床	直接购入	在用	10	2013/9/2	直线法	150 000
1009	后勤部	原料库	在建工程转入	在用	30	2013/9/1	直线法	300 000
1010	后勤部	成品库	在建工程转入	在用	30	2013/7/12	直线法	500 000
1011	企划部	复印机	直接购入	在用	3	2018/1/16	直线法	60 000
1012	财务部	计算机	直接购入	在用	3	2017/12/10	直线法	60 000

续表

资产编号	使用部门	固定资产名称	增加方式	使用状况	使用年限	开始使用日期	折旧方法	固定资产原值（元）
1013	销售部	计算机	直接购入	在用	3	2018/10/1	直线法	50 000
1014	企划部	汽车	直接购入	在用	10	2015/7/5	直线法	350 000
3001	组装部	吊车	直接购入	在用	10	2015/10/11	双倍余额递减法	110 000
4001	组装部	刨床	直接购入	在用	10	2015/1/5	年数总和法	70 000

目前固定资产在财务部进行集中管理，每个固定资产都设有一张卡片，记录着卡片编号、日期、固定资产编号、固定资产名称、类别编号、类别名称、规格型号、部门名称、增加方式、存放地点、使用状况、使用年限、开始使用日期、已计提月份、原值、净残值率、年份、月折旧额、累计折旧、月末折余价值等信息。

公司现有固定资产卡片样式如表 7–2 所示。

表 7–2　固定资产卡片样式

卡片编号				日期	
固定资产编号		固定资产名称			
类别编号		类别名称			
规格型号		部门名称			
增加方式		存放地点			
使用状况		使用年限			
开始使用日期		已计提月份			
原值		净残值率			
年份		月折旧额		累计折旧	月末折余价值
0					
1					

二、分析

固定资产是企业进行生产经营活动的物质基础，在企业资产总额中占有相当大的比重，其日常的核算和管理非常烦琐，特别是折旧的核算工作量很大，利用 Excel 进行固定资产管理，可以提高工作效率，具体需要分成以下几个步骤：

1. 建立固定资产卡片

一个企业的固定资产往往很多，日常的核算和管理非常烦琐，通过 Excel 制作固定资产卡片，利用其强大的公式功能进行公式输入，实现固定资产的核算和管理，可以大大减少人员的工作量，提高工作效率。

2. 固定资产增加和减少的管理

公司在经营过程中，会根据业务发展需要取得新的固定资产，新增加的固定资产也要为其建立固定资产卡片，以便后续的管理。使用中的固定资产也会因为某些原因报废、毁损，相应地也要在固定资产卡片中进行减少处理。

3. 制作固定资产折旧费用分配表

固定资产按月计提折旧，利用 Excel 按折旧科目和使用部门制作固定资产折旧费用分配表，可方便会计人员月末计提折旧的核算。

任务二　建立固定资产卡片

利用 Excel 制作固定资产卡片，格式可以不同，但方法基本类似。一般来说，在固定资产卡片中填列的固定资产信息主要包括卡片编号、日期、固定资产编号、固定资产名称、类别编号、类别名称、规格型号、部门名称、增加方式、存放地点、使用状况、使用年限、折旧方法、开始使用日期、已计提月份、尚可使用月份、原值、净残值率、净残值、月份、月折旧额、累计折旧、月末折余价值等。通过这些项目，可以方便对固定资产相关数据进行查询和进一步处理。

一、设计固定资产卡片样式

（1）新建"固定资产管理"工作簿，将 Sheet 1 命名为"固定资产卡片样式"。

（2）输入下列固定资产卡片项目。

在单元格 A1：A12 分别输入"固定资产卡片""卡片编号""固定资产编号""类别编号""规格型号""增加方式""使用状况""开始使用日期""原值""月份""0"和"1"；在单元格 C3：C10 分别输入"固定资产名称""类别名称""部门名称""存放地点""使用年限""已计提月份""净残值率"和"月折旧额"；在单元格 E2 中输入"日期"；在单元格 E7：E10 分别输入"折旧方法""尚可使用月份""净残值""累计折旧"；在单元格 F10 中输入"月末折余价值"。输入后效果如图 7-1 所示。

（3）合并单元格。合并范围：A1：F1，B2：D2，D3：F3，D4：F4，D5：F5，D6：F6，B10：D10，B11：D11，B12：D12。

（4）设置单元格属性。

选中 A1 单元格，设置字体格式为"12""加粗"。

	A	B	C	D	E	F
1	固定资产卡片					
2	卡片编号				日期	
3	固定资产编号		固定资产名称			
4	类别编号		类别名称			
5	规格型号		部门名称			
6	增加方式		存放地点			
7	使用状况		使用年限		折旧方法	
8	开始使用日期		已计提月份		尚可使用月份	
9	原值		净残值率		净残值	
10	月份		月折旧额		累计折旧	月末折余价值
11	0					
12	1					

图 7-1

选中 A1：F12，单击鼠标右键选择"设置单元格格式"命令（其他单元格设置也以这种方式设置），在"对齐"选项卡中设置水平对齐和垂直对齐均为"居中"。

选中 B2 单元格，在"数字"选项卡下设置为"文本"。B3：B5 单元格的设置方式同 B2 单元格。

选中 B8 单元格，在"数字"选项卡下设置为"日期"，选择"类型"为"2001/3/14"，F2 单元格的设置方式同 B8 单元格。

选中 B9 单元格，在"数字"选项卡下设置为"数值"，小数点位数为 2，使用千位分隔符，F9、B11：F12 单元格的设置方式同 B9 单元格。

选中 D7 单元格，在"数字"选项卡下设置为"数值"，小数点位数为 0，不使用千位分隔符。D8 和 F8 单元格的设置方式同 D7 单元格。

选中 D9 单元格，在"数字"选项卡下设置为"百分比"，小数点位数为 2。

（5）设置边框。

选中 A2：F12 单元格区域，先设置成"所有框线"，再把外边框设置成"粗框线"。

设置完成后，效果如图 7-2 所示。

	A	B	C	D	E	F
1	固定资产卡片					
2	卡片编号				日期	
3	固定资产编号		固定资产名称			
4	类别编号		类别名称			
5	规格型号		部门名称			
6	增加方式		存放地点			
7	使用状况		使用年限		折旧方法	
8	开始使用日期		已计提月份		尚可使用月份	
9	原值		净残值率		净残值	
10	月份		月折旧额		累计折旧	月末折余价值
11		0				
12		1				

图 7-2

二、设置数据有效性

不同的固定资产,其使用部门、增加方式、使用状况和折旧方法有所不同,通过设置数据有效性可规范相关内容的填写方式。

(1)单击 D4 单元格,选择"数据"菜单下的"数据工具"分组中的"数据有效性",弹出"数据有效性"对话框。在"设置"选项卡中,在"允许"中选择"序列",在"数据"中默认"介于",在"来源"中输入固定资产类别名称:"厂房建筑物,生产设备,办公设备,交通运输设备",单击"确定"按钮,如图 7-3 所示。

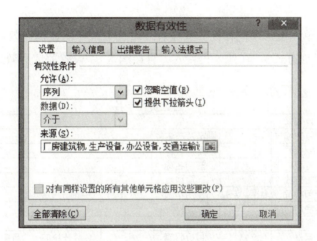

图 7-3

(2)选中 D4 单元格,右侧会出现一个下拉按钮,如图 7-4 所示。

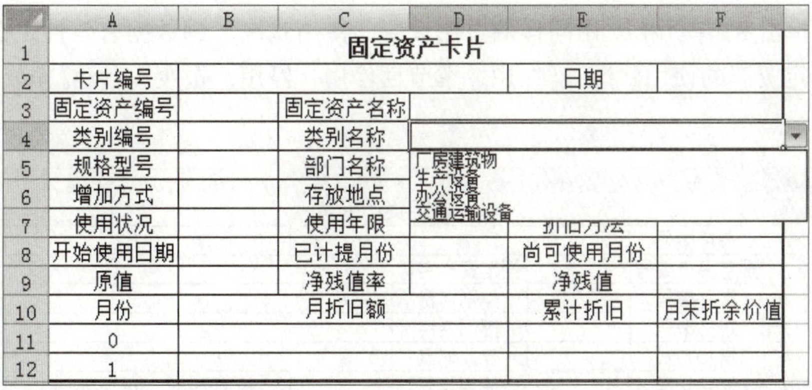

图 7-4

(3)单击 D5 单元格,用同样的方法设置"部门名称"的数据有效性,在"来源"中输入固定资产使用部门名称:"企划部,财务部,组装部,销售部,机修部,后勤部"。设置完成后效果如图 7-5 所示。

	A	B	C	D	E	F
1	固定资产卡片					
2	卡片编号				日期	
3	固定资产编号		固定资产名称			
4	类别编号		类别名称			
5	规格型号		部门名称			
6	增加方式		存放地点	企划部 财务部 组装部 销售部 机修部 后勤部		
7	使用状况		使用年限			
8	开始使用日期		已计提月份			
9	原值		净残值率		净残值	
10	月份		月折旧额		累计折旧	月末折余价值
11	0					
12	1					

图 7-5

（4）单击 B6 单元格，用同样的方法设置"增加方式"的数据有效性，在"来源"中输入固定资产的增加方式："在建工程转入，直接购入"。设置完成后效果如图 7-6 所示。

	A	B	C	D	E	F
1	固定资产卡片					
2	卡片编号				日期	
3	固定资产编号		固定资产名称			
4	类别编号		类别名称			
5	规格型号		部门名称			
6	增加方式	▼	存放地点			
7	使用状况	在建工程转入 直接购入	使用年限		折旧方法	
8	开始使用日期		已计提月份		尚可使用月份	
9	原值		净残值率		净残值	
10	月份		月折旧额		累计折旧	月末折余价值
11	0					
12	1					

图 7-6

（5）单击 B7 单元格，用同样的方法设置"使用状况"的数据有效性，在"来源"中输入固定资产的使用状况："在用，季节性停用，停用，报废"。设置完成后效果如图 7-7 所示。

	A	B	C	D	E	F
1	固定资产卡片					
2	卡片编号				日期	
3	固定资产编号		固定资产名称			
4	类别编号		类别名称			
5	规格型号		部门名称			
6	增加方式		存放地点			
7	使用状况	▼	使用年限		折旧方法	
8	开始使用日期	在用 季节性停用 停用 报废	已计提月份		尚可使用月份	
9	原值		净残值率		净残值	
10	月份		月折旧额		累计折旧	月末折余价值
11	0					
12	1					

图 7-7

三、定义固定资产的折旧期限

（1）单击 D8 单元格。选择"公式"菜单下"函数库"分组里的"插入函数"按钮，或单击编辑栏中的"fx"按钮，弹出"插入函数"对话框，在"或选择类别"中选择"日期与时间"，在"选择函数"中选择"YEAR"，如图 7-8 所示。

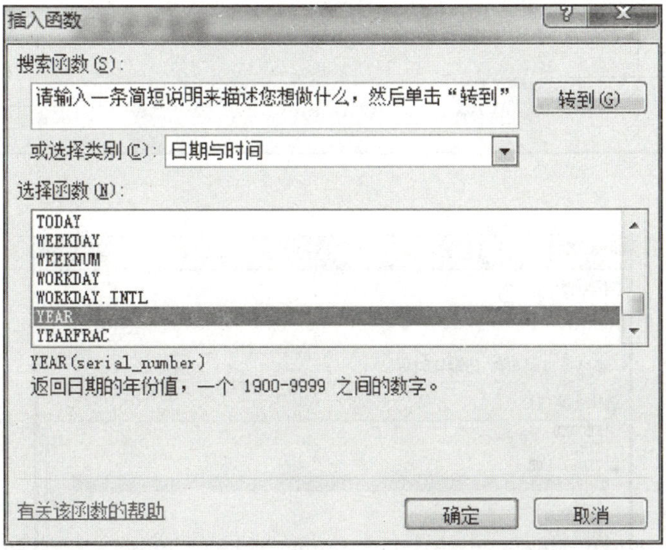

图 7-8

（2）单击"确定"按钮，打开"YEAR"对话框。如图 7-9 所示。

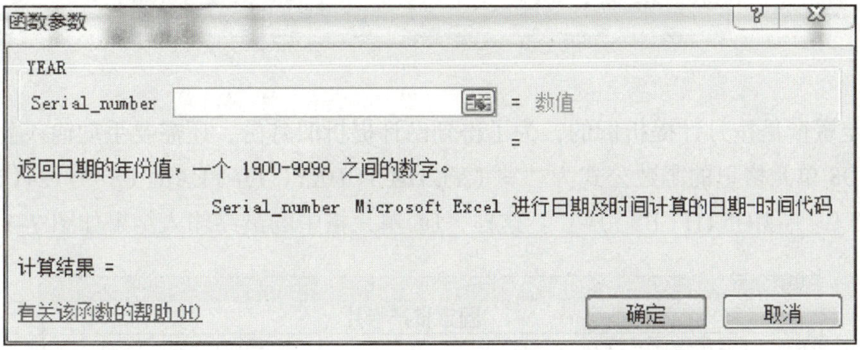

图 7-9

（3）将插入点放在"YEAR"对话框中的"Serial_number"输入文本框里，单击编辑栏左侧的倒置三角里的"其他函数"，如图 7-10 所示。

此时弹出如图 7-11 所示的对话框，选择"TODAY"函数，单击"确定"按钮，完成函数设置。

这样就实现了函数嵌套，得到函数"=YEAR（TODAY（））"，此函数的意义是取得当期系统日期的年份。所以设置后 D8 单元格显示的是"2020"。

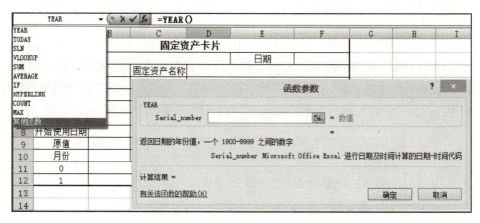

图 7-10

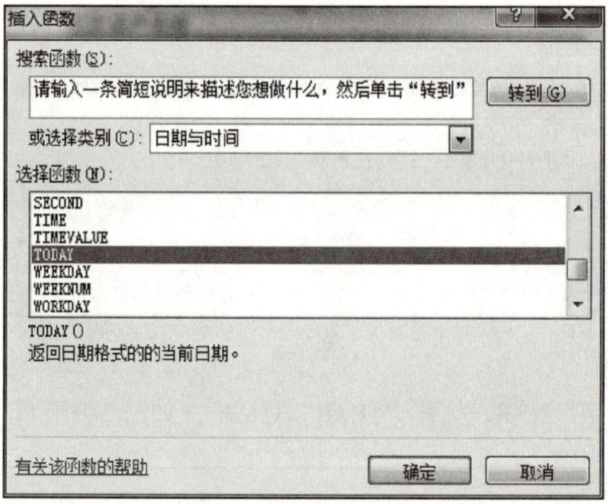

图 7-11

固定资产是按月计提折旧的，为了得到已计提折旧月份，还需要手动输入公式，编辑后的 D8 单元格里的函数公式为"=（YEAR(TODAY( ))-YEAR(B8))*12+(MONTH (TODAY( ))-MONTH（B8））-1"。这样，D8 单元格中的最终输入结果如图 7-12 所示。

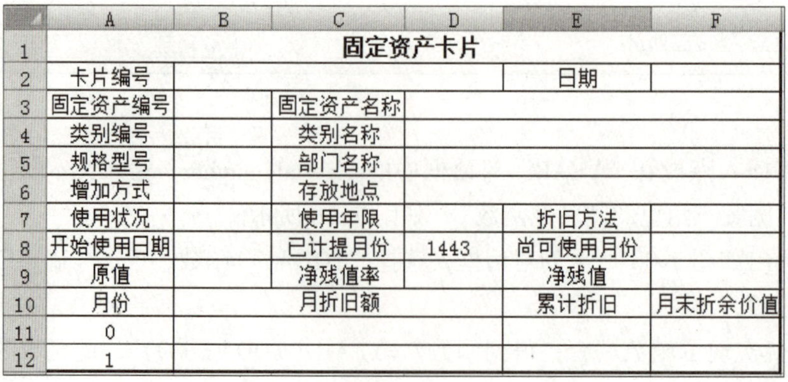

图 7-12

DAY ( )、MONTH ( )、YEAR ( ) 函数是求日、月、年的函数，属于日期与时间函数。

其格式为:DAY(< 日期型表达式 >)，MONTH(< 日期型表达式 >)，YEAR(< 日期型表达式 >)。

其功能为对日期型表达式求值，从中分别抽取出日、月、年的序号。该日、月、年的序号以数字表示。例如，“=DAY（DATE（2020，5，6））”，返回值：6。

TODAY ( ) 函数为返回当前日期函数，属于日期与时间函数。

其格式为：TODAY ( )。

其功能为按指定的格式返回系统的当前日期。例如，求系统日期的方法如下（若系统当前日期为 2020 年 5 月 6 日）：输入“=TODAY ( )”，返回值：2020–5–6。输入“=MONTH（TODAY ( )）”，返回值：5。输入“=YEAR（TODAY ( )）”，返回值：2020。

（4）单击 F8 单元格，输入“=D7*12–D8”，结果如图 7–13 所示。

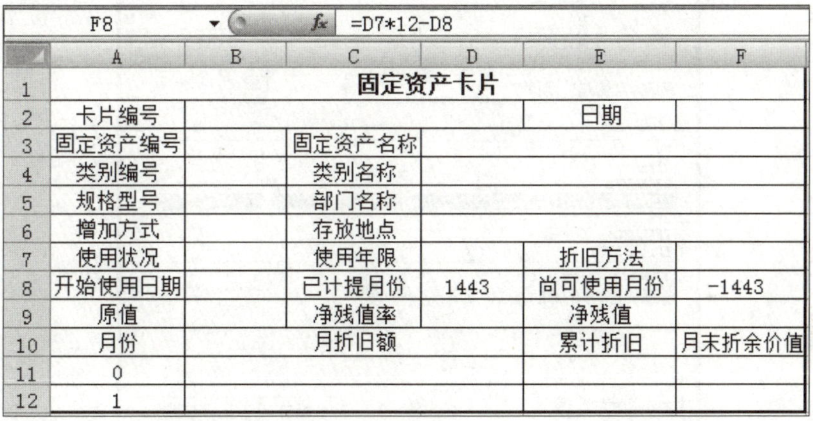
F8 =D7*12-D8

	A	B	C	D	E	F
1	固定资产卡片					
2	卡片编号				日期	
3	固定资产编号		固定资产名称			
4	类别编号		类别名称			
5	规格型号		部门名称			
6	增加方式		存放地点			
7	使用状况		使用年限		折旧方法	
8	开始使用日期		已计提月份	1443	尚可使用月份	-1443
9	原值		净残值率		净残值	
10	月份		月折旧额		累计折旧	月末折余价值
11	0					
12	1					

图 7–13

（5）单击 F9 单元格，输入“=B9*D9”，结果如图 7–14 所示。

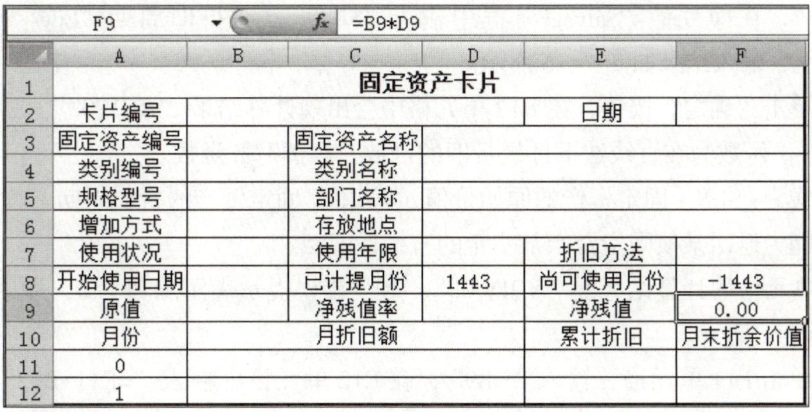
F9 =B9*D9

	A	B	C	D	E	F
1	固定资产卡片					
2	卡片编号				日期	
3	固定资产编号		固定资产名称			
4	类别编号		类别名称			
5	规格型号		部门名称			
6	增加方式		存放地点			
7	使用状况		使用年限		折旧方法	
8	开始使用日期		已计提月份	1443	尚可使用月份	-1443
9	原值		净残值率		净残值	0.00
10	月份		月折旧额		累计折旧	月末折余价值
11	0					
12	1					

图 7–14

四、定义直线法下的固定资产卡片样式

固定资产采用不同的折旧方法计提折旧,所计算出的月折旧额、累计折旧、月末折余价值也不相同。因此,固定资产卡片样式中折旧额的定义需要分别对不同的折旧方法进行设置。以满足采用不同折旧方法处理固定资产的需要。

直线法又称为平均年限法,是将固定资产的折旧均衡地分摊到各期的一种方法。具体操作步骤如下:

(1)复制"固定资产卡片样式"工作表,并将复制的工作表重命名为"固定资产卡片样式 P"。

(2)选中 F7 单元格,输入"直线法"。

(3)选择 B12 单元格,单击编辑栏左侧的"fx"按钮,打开"插入函数"对话框。在"或选择类别"中选择"财务",在"选择函数"中选择"SLN",如图 7-15 所示。

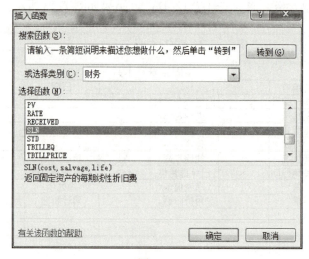

图 7-15

(4)单击"确定"按钮,打开"函数参数"对话框。在原始价值"Cost"框中输入"$B$9",在净残值"Salvage"框中输入"$F$9",在折旧周期"Life"框中输入"$D$7*12",输入结果如图 7-16 所示。

(5)单击"确定"按钮,在 B12 单元格中会出现计算结果"#DIV/0!"。

SLN()函数为在直线法下计提折旧的函数,属于财务函数。

其格式为:SLN(固定资产的原始价值,净残值,固定资产的折旧周期)。

其功能为返回某项固定资产某一年的直线折旧额。

B12 单元格的计算结果是"#DIV/0!",这个错误提示表示除数为 0,原因是 D7 单元格中目前无值。

(6)单击 F11 单元格,输入"=B9",在 E12 单元格中输入"=E11+B12",在 F12 单元格中输入"=$F$11-E12"。设置完成后效果如图 7-17 所示。

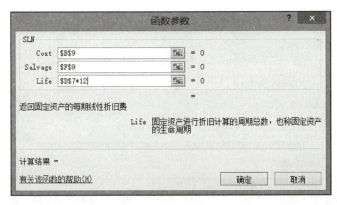

图 7-16

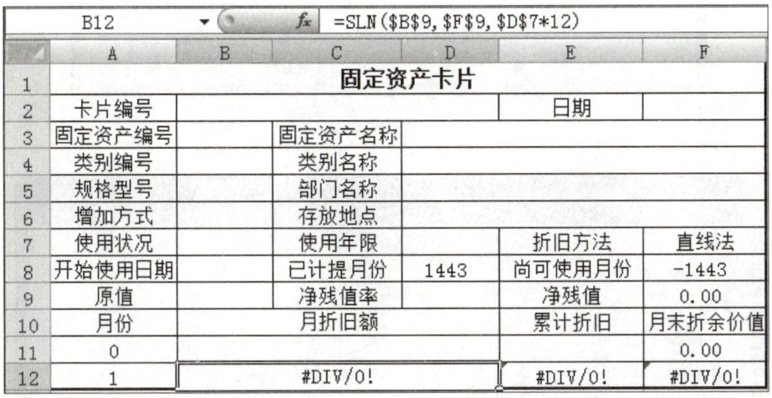

图 7-17

选中单元格 B12：F12，单击自动填充柄，往下拖拽，可以计算不同使用月份的月折旧额、累计折旧及月末折余价值。

五、定义双倍余额递减法下的固定资产卡片样式

双倍余额递减法是在不考虑固定资产净残值的情况下，根据每期期初固定资产账面余额和双倍的直线法折旧率计算固定资产折旧的一种方法。具体操作如下：

（1）复制"固定资产卡片样式 P"工作表，并将复制的工作表重命名为"固定资产卡片样式 S"。

（2）选中 F7 单元格，输入"双倍余额递减法"。

（3）选择 B12 单元格，删除原有公式，单击编辑栏左侧的插入函数"fx"按钮，在"或选择类别"中选择"财务"，在"选择函数"中选择"DDB"，如图 7-18 所示。

（4）单击"确定"按钮，在原始价值"Cost"框中输入"$B$9"，在净残值"Salvage"框中输入"$F$9"，在折旧周期"Life"框中输入"$D$7*12"，在折旧计算的期次"Period"框中输入"A12"，输入结果如图 7-19 所示。

（5）单击"确定"按钮，在 B12、E12、F12 单元格中会出现计算结果"#NUM!"。完成以上操作步骤后的结果如图 7-20 所示。

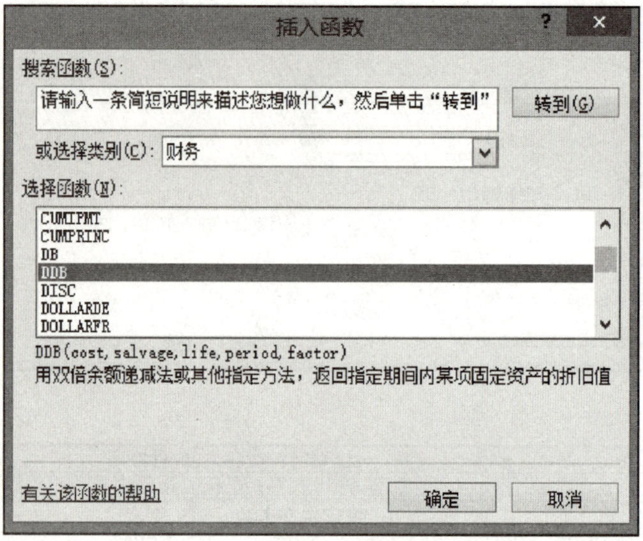

图 7-18

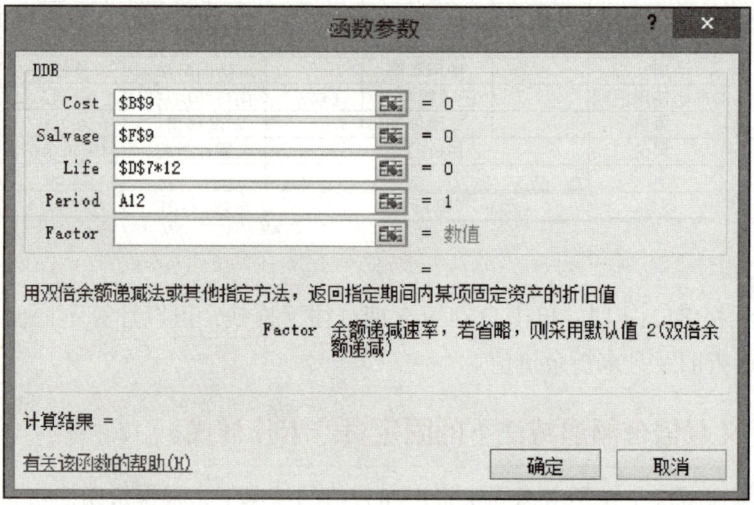

图 7-19

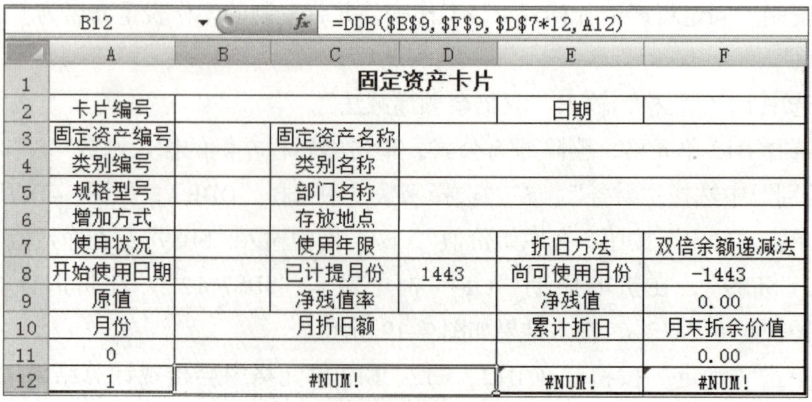
B12 =DDB($B$9, $F$9, $D$7*12, A12)

	A	B	C	D	E	F
1	固定资产卡片					
2	卡片编号				日期	
3	固定资产编号		固定资产名称			
4	类别编号		类别名称			
5	规格型号		部门名称			
6	增加方式		存放地点			
7	使用状况		使用年限		折旧方法	双倍余额递减法
8	开始使用日期		已计提月份	1443	尚可使用月份	-1443
9	原值		净残值率		净残值	0.00
10	月份		月折旧额		累计折旧	月末折余价值
11	0					0.00
12	1		#NUM!		#NUM!	#NUM!

图 7-20

选中单元格 B12：F12，单击自动填充柄，往下拖拽，可以计算不同使用月份的月折旧额、累计折旧及月末折余价值。

DDB（）函数为双倍余额递减法下计提折旧的函数，属于财务函数。

其格式为 DDB（固定资产的原始价值，净残值，固定资产折旧周期，折旧计算期次，余额递减速率）。

其功能为根据双倍余额递减法或其他方法，返回某项固定资产指定期间的折旧额。

这里的"折旧计算的期次"，必须和"固定资产折旧周期"的单位一致；"余额递减速率"是可选项，默认值为 2，代表双倍余额递减，如果取值为 3，代表 3 倍余额递减。

计算结果为"#NUM!"，是因为函数中引用的单元格无值。

六、定义年数总和法下的固定资产卡片样式

年数总和法是将固定资产的原值减去净残值后的净额乘以一个逐年递减的分数计算每年的折旧额，这个分数的分子代表固定资产尚可使用的年数，分母代表使用年限的逐年数字总和。具体操作如下：

（1）复制"固定资产卡片样式 P"工作表，并将复制的工作表重命名为"固定资产卡片样式 N"。

（2）选中 F7 单元格，输入"年数总和法"。

（3）选择 B12 单元格，删除原有公式，单击编辑栏左侧的插入函数"fx"按钮，在"或选择类别"中选择"财务"，在"选择函数"中选择"SYD"，如图 7-21 所示。

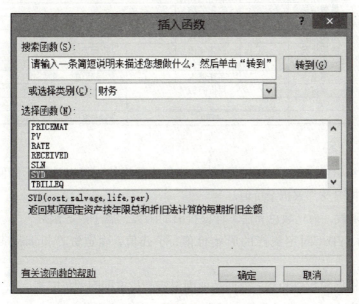

图 7-21

（4）单击"确定"按钮，在"函数参数"对话框中，在原始价值"Cost"框中输入"$B$9"，在净残值"Salvage"框中输入"$F$9"，在折旧周期"Life"框中输入"$D$7*12"，在折旧计算期次"Per"框中输入"A12"。输入结果如图 7-22 所示。

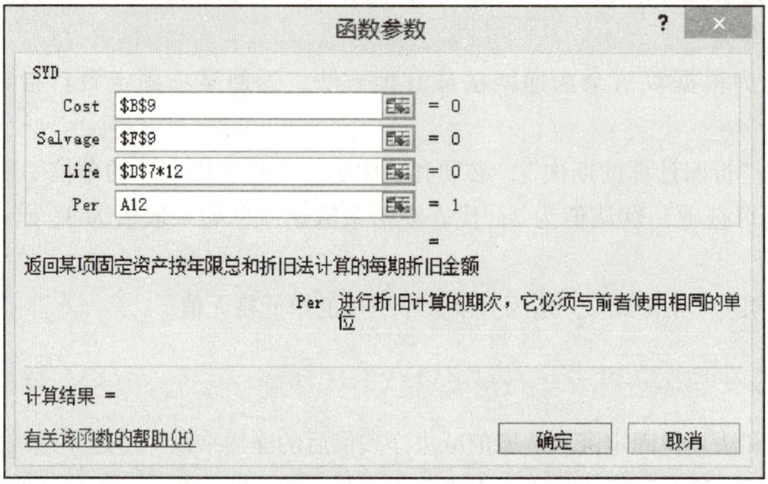

图 7-22

（5）单击"确定"按钮，在 B12、E12、F12 单元格中会出现计算结果"#NUM!"。完成以上操作步骤后的结果如图 7-23 所示。

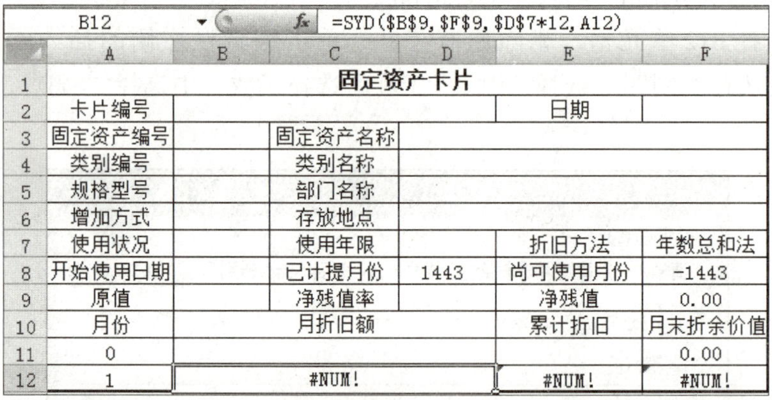

图 7-23

选中单元格 B12：F12，单击自动填充柄，往下拖拽，可以计算不同使用月份的月折旧额、累计折旧及月末折余价值。

SYD（）函数，为年数总和法下计提折旧的函数，属于财务函数。

其格式为 SYD（固定资产的原始价值，净残值，固定资产折旧周期，折旧计算期次）。

其功能是根据年数总和法，返回某项固定资产指定期间的折旧额。

计算结果为"#NUM!"，是因为函数中引用的单元格无值。

七、填写固定资产卡片

固定资产卡片样式设置完成后，根据公司固定资产的信息为每项固定资产建立自己的卡片。选择哪种样式的固定资产卡片，要根据所要建立的卡片的固定资产折旧方法确定。以企划部的 1001 资产为例，当前时间在 2020 年 5 月，填写固定资产卡片的步骤如下：

（1）复制"固定资产卡片样式 P"工作表，并将复制的工作表重命名为"卡片 G0001"（按照固定资产"卡片编号"设置，便于查找）。

（2）输入固定资产的信息。

选中 B2 单元格，输入卡片编号"G0001"。

选中 F2 单元格，输入日期"2013/7/10"。

选中 B3 单元格，输入固定资产编号"1001"。

选中 D3 单元格，输入固定资产名称"办公楼"。

选中 B4 单元格，输入类别编号"01"。

选中 D4 单元格，单击右侧的下拉箭头，选择"厂房建筑物"。

选中 D5 单元格，单击右侧的下拉箭头，选择"企划部"。

选中 B6 单元格，单击右侧的下拉箭头，选择"在建工程转入"。

选中 B7 单元格，单击右侧的下拉箭头，选择"在用"。

选中 D7 单元格，输入使用年限"30"。

选中 F7 单元格，单击右侧的下拉箭头，选择"直线法"。

选中 B8 单元格，输入开始使用日期"2013/7/1"，D8 和 F8 单元格自动计算出已计提月份"81"和尚可使用月份"279"。

选中 B9 单元格，输入原值"1300000"。

选中 D9 单元格，输入净残值率"5"，F9 单元格自动计算出净残值"65000"。

选中 A12:F12 单元格，单击自动填充柄，往下拖拽，计算出不同月份的月折旧额、累计折旧及月末折余价值。制作完成的"卡片 G0001"如图 7-24 所示。

	A	B	C	D	E	F
1			固定资产卡片			
2	卡片编号		G0001		日期	2013/7/10
3	固定资产编号	1001		固定资产名称		办公楼
4	类别编号	01		类别名称		厂房建筑物
5	规格型号			部门名称		企划部
6	增加方式	在建工程转入		存放地点		
7	使用状况	在用		使用年限	30	折旧方法	直线法
8	开始使用日期	2013/7/10		已计提月份	81	尚可使用月份	279
9	原值	1,300,000.00		净残值率	5.00%	净残值	65,000.00
10	月份		月折旧额		累计折旧	月末折余价值
11	0					1,300,000.00
12	1		3,430.56		3,430.56	1,296,569.44
13	2		3,430.56		6,861.11	1,293,138.89
14	3		3,430.56		10,291.67	1,289,708.33
15	4		3,430.56		13,722.22	1,286,277.78

图 7-24

（3）用同样的方法为其他 15 项固定资产制作"固定资产卡片"，将工作表名称分别重命名为"卡片 G002""卡 G003"……。注意不同固定资产的折旧方法不同，要选择相应的固定资产卡片样式。

八、编制固定资产清单

固定资产卡片按照每一独立的固定资产项目设置，为便于固定资产管理和折旧核算工作，需要编制固定资产清单。

操作步骤如下：

（1）新建"固定资产核算"工作簿，将 Sheet1 重命名为"固定资产清单"。

（2）选中 A1 单元格，输入"固定资产清单"，选中 A1：M1，合并单元格，设置字体为"12""加粗"。

（3）在 A2:M2 单元格中，分别输入字段名"卡片编号""资产编号""使用部门""资产名称""增加方式""减少方式""使用状况""原值""净残值率""净残值""预计使用年限""开始使用日期""折旧方法"，并调整合适宽度。

（4）打开"固定资产管理"工作簿，完成工作簿之间数据传递的操作。

选择"固定资产清单"工作表中的 A3 单元格，输入"="，单击"固定资产管理"工作簿，单击"卡片 G0001"工作表，选择"B2"单元格，单击回车确认。

重复上述步骤，完成全部 16 项固定资产的数据传递。

（5）为"固定资产清单"工作表选择合适的对齐方式和边框线。编制完成的固定资产清单如图 7-25 所示。

	A	B	C	D	E	F	G	H	I	J	K	L	M
1							固定资产清单						
2	卡片编号	资产编号	使用部门	资产名称	增加方式	减少方式	使用状况	原值	净残值率	净残值	预计使用年限	开始使用日期	折旧方法
3	G0001	1001	企划部	办公楼	在建工程转入		在用	1300000	5.00%	65000	30	2013/7/10	直线法
4	G0002	1002	组装部	厂房	在建工程转入		在用	1100000	5.00%	55000	30	2013/7/15	直线法
5	G0003	1003	机修部	厂房	在建工程转入		在用	600000	5.00%	30000	30	2013/7/1	直线法
6	G0004	1004	组装部	车床	直接购入		在用	500000	5.00%	25000	10	2013/9/18	直线法
7	G0005	1005	组装部	铣床	直接购入		在用	250000	5.00%	12500	10	2013/9/7	直线法
8	G0006	1006	组装部	钳工平台	直接购入		在用	100000	5.00%	5000	10	2013/9/1	直线法
9	G0007	1007	组装部	专用量具	直接购入		在用	80000	5.00%	4000	10	2013/9/5	直线法
10	G0008	1008	组装部	磨床	直接购入		在用	150000	5.00%	7500	10	2013/9/2	直线法
11	G0009	1009	后勤部	原料库	在建工程转入		在用	300000	5.00%	15000	30	2013/9/1	直线法
12	G0010	1010	后勤部	成品库	在建工程转入		在用	500000	5.00%	25000	30	2013/7/12	直线法
13	G0011	1011	企划部	复印机	直接购入		在用	60000	3.00%	1800	3	2018/1/16	直线法
14	G0012	1012	财务部	计算机	直接购入		在用	60000	3.00%	1800	3	2017/12/10	直线法
15	G0013	1013	销售部	计算机	直接购入		在用	50000	3.00%	1500	3	2018/10/1	直线法
16	G0014	1014	企划部	汽车	直接购入		在用	350000	4.00%	14000	10	2015/7/5	直线法
17	G0015	3001	组装部	吊车	直接购入		在用	110000	5.00%	5500	10	2015/10/11	双倍余额递减法
18	G0016	4001	组装部	刨床	直接购入		在用	70000	5.00%	3500	10	2015/1/5	年数总和法

图 7-25

任务三　固定资产的增加与减少

固定资产的增加是根据企业管理固定资产的需要，将本期购入或用其他方式增加的固定资产录入固定资产卡片中。固定资产的减少是由于出售、报废、损毁等原因，将固定资产从固定资产卡片中删除。

一、固定资产的增加

例如，山海有限公司在 2020 年 5 月 16 日为财务部购入了一台价值 3 200 元的计算机，预计使用年限为 3 年，采用直线法计提折旧。

操作步骤如下：

（1）打开"固定资产管理"工作簿，打开"固定资产卡片样式 P"工作表。复制"固定资产卡片样式 P"工作表到"卡片 G0016"工作表后，将其重命名为"卡片 G0017"。

（2）按照"卡片 G0001"的输入方式输入相关内容，固定资产编号输入"1015"，因固定资产自 2020 年 6 月开始计提折旧，当前时间为 2020 年 5 月，此时，已计提月份显示"–1"。即可生成一张新的固定资产卡片，如图 7–26 所示。

	A	B	C	D	E	F
1	固定资产卡片					
2	卡片编号		G0017		日期	2020/5/16
3	固定资产编号	1015	固定资产名称		计算机	
4	类别编号	03	类别名称		办公设备	
5	规格型号		部门名称		财务部	
6	增加方式	直接购入	存放地点			
7	使用状况	在用	使用年限	3	折旧方法	直线法
8	开始使用日期	2020/5/16	已计提月份	–1	尚可使用月份	37
9	原值	3,200.00	净残值率	3.00%	净残值	96.00
10	月份		月折旧额		累计折旧	月末折余价值
11	0					3,200.00

图 7–26

（3）将新增的固定资产卡片数据传递到"固定资产核算"工作簿中的"固定资产清单"中，传递数据后的"固定资产清单"如图 7–27 所示。

	A	B	C	D	E	F	G	H	I	J	K	L	M
1	固定资产清单												
2	卡片编号	资产编号	使用部门	资产名称	增加方式	减少方式	使用状况	原值	净残值率	净残值	预计使用年限	开始使用日期	折旧方法
3	G0001	1001	企划部	办公楼	在建工程转入		在用	1300000	5.00%	65000	30	2013/7/10	直线法
4	G0002	1002	组装部	厂房	在建工程转入		在用	1100000	5.00%	55000	30	2013/7/15	直线法
5	G0003	1003	机修部	厂房	在建工程转入		在用	600000	5.00%	30000	30	2013/7/1	直线法
6	G0004	1004	组装部	车床	直接购入		在用	500000	5.00%	25000	10	2013/9/18	直线法
7	G0005	1005	组装部	铣床	直接购入		在用	250000	5.00%	12500	10	2013/9/1	直线法
8	G0006	1006	组装部	钳工平台	直接购入		在用	100000	5.00%	5000	10	2013/9/1	直线法
9	G0007	1007	组装部	专用夹具	直接购入		在用	80000	5.00%	4000	10	2013/9/5	直线法
10	G0008	1008	组装部	磨床	直接购入		在用	150000	5.00%	7500	10	2013/9/2	直线法
11	G0009	1009	后勤部	原料库	直接购入		在用	300000	5.00%	15000	30	2013/9/1	直线法
12	G0010	1010	后勤部	成品库	在建工程转入		在用	500000	5.00%	25000	30	2013/7/12	直线法
13	G0011	1011	企划部	复印机	直接购入		在用	60000	3.00%	1800	3	2018/1/16	直线法
14	G0012	1012	财务部	计算机	直接购入		在用	60000	3.00%	1800	3	2017/12/10	直线法
15	G0013	1013	销售部	计算机	直接购入		在用	50000	3.00%	1500	3	2018/10/1	直线法
16	G0014	1014	企划部	汽车	直接购入		在用	350000	4.00%	14000	10	2015/7/5	直线法
17	G0015	3001	组装部	吊车	直接购入		在用	110000	5.00%	5500	10	2015/10/11	双倍余额递减法
18	G0016	4001	组装部	刨床	直接购入		在用	70000	5.00%	3500	10	2015/1/5	年数总和法
19	G0017	1015	财务部	计算机	直接购入		在用	3200	3.00%	96	3	2020/5/16	直线法

图 7–27

二、固定资产的减少

山海有限公司销售部在 2018 年 10 月 1 日购入的编号为 1013 的计算机因主板烧毁而无法使用了，公司于 2020 年 5 月将其作为二手计算机卖掉。

操作步骤如下：

（1）打开"固定资产管理"工作簿，找到"卡片 G0013"工作表，选中 B7 单元格，单击右侧的下拉箭头，选择"报废"。查询"固定资产核算"工作簿中的"固定资产清单"工作表，可以看到"G15"单元格已经调整为"报废"。

（2）在"固定资产清单"工作表的"F15"单元格内输入"出售"，如图 7-28 所示。

	A	B	C	D	E	F	G	H	I	J	K	L	M
1						固定资产清单							
2	卡片编号	资产编号	使用部门	资产名称	增加方式	减少方式	使用状况	原值	净残值率	净残值	预计使用年限	开始使用日期	折旧方法
3	G0001	1001	企划部	办公楼	在建工程转入		在用	1300000	5.00%	65000	30	2013/7/10	直线法
4	G0002	1002	组装部	厂房	在建工程转入		在用	1100000	5.00%	55000	30	2013/7/15	直线法
5	G0003	1003	机修部	厂房	在建工程转入		在用	600000	5.00%	30000	30	2013/7/1	直线法
6	G0004	1004	组装部	车床	直接购入		在用	500000	5.00%	25000	10	2013/9/18	直线法
7	G0005	1005	组装部	铁床	直接购入		在用	250000	5.00%	12500	10	2013/9/7	直线法
8	G0006	1006	组装部	钳工平台	直接购入		在用	100000	5.00%	5000	10	2013/9/1	直线法
9	G0007	1007	组装部	专用量具	直接购入		在用	80000	5.00%	4000	10	2013/9/5	直线法
10	G0008	1008	组装部	磨床	直接购入		在用	150000	5.00%	7500	10	2013/9/2	直线法
11	G0009	1009	后勤部	原料库	在建工程转入		在用	300000	5.00%	15000	30	2013/9/1	直线法
12	G0010	1010	后勤部	成品库	在建工程转入		在用	500000	5.00%	25000	30	2013/7/12	直线法
13	G0011	1011	企划部	复印机	直接购入		在用	60000	3.00%	1800	3	2018/1/16	直线法
14	G0012	1012	财务部	计算机	直接购入		在用	60000	3.00%	1800	3	2017/12/10	直线法
15	G0013	1013	销售部	计算机	直接购入	出售	报废	50000	3.00%	1500	3	2018/10/1	直线法
16	G0014	1014	企划部	汽车	直接购入		在用	350000	4.00%	14000	10	2015/7/5	直线法
17	G0015	3001	组装部	吊车	直接购入		在用	110000	5.00%	5500	10	2015/10/11	双倍余额递减法
18	G0016	4001	组装部	刨床	直接购入		在用	70000	5.00%	3500	10	2015/1/5	年数总和法
19	G0017	1015	财务部	计算机	直接购入		在用	3200	3.00%	96	3	2020/5/16	直线法

图 7-28

（3）2020 年 6 月 1 日，新建一个工作簿并命名为"报废固定资产卡片"，将"卡片 G0013"工作表移到"报废固定资产卡片"工作簿中，同时将"固定资产清单"中的资产编号为"1013"的记录删除，下方行次依次上移。

任务四　制作固定资产折旧费用分配表

固定资产折旧费用分配表是对每项固定资产每月计提折旧的金额根据所计入折旧科目的不同，进行汇总分配，方便会计人员在月末进行计提折旧的核算工作。

一、编制固定资产折旧计算表

操作步骤如下：

（1）打开"固定资产核算"工作簿，将"固定资产清单"工作表复制到该工作表的后面，并重命名为"固定资产折旧计算表"，将 A1 单元格的"固定资产清单"改为"固定资产折旧计算表"。

（2）选中 L 列，在其左侧插入一列，在 L2 单元格输入"当前日期"，选中 L3 单元格，输入"2020/5/20"，选择 L3:L18 单元格，选择"开始"菜单下"编辑"分组中"填充"的"向下"选项，完成 L3:L18 单元格数据的填充。

（3）选中 N 列，在其左侧插入两列，选中 N2 单元格，输入"已提月份"，选中 O2 列，输入"本月折旧额"。

（4）打开"固定资产管理"工作簿，完成工作簿之间"已提月份"数据传递的操作。如图 7-29 所示。

F	G	H	I	J	K	L	M	N	O	P
					固定资产折旧计算表					
减少方式	使用状况	原值	净残值率	净残值	预计使用年限	当前日期	开始使用日期	已提月份	本月折旧额	折旧方法
	在用	1300000	5.00%	65000	30	2020/5/20	2013/7/10	81		直线法
	在用	1100000	5.00%	55000	30	2020/5/20	2013/7/15	81		直线法
	在用	600000	5.00%	30000	30	2020/5/20	2013/7/1	81		直线法
	在用	500000	5.00%	25000	10	2020/5/20	2013/9/18	79		直线法
	在用	250000	5.00%	12500	10	2020/5/20	2013/9/7	79		直线法
	在用	100000	5.00%	5000	10	2020/5/20	2013/9/1	79		直线法
	在用	80000	5.00%	4000	10	2020/5/20	2013/9/5	79		直线法
	在用	150000	5.00%	7500	10	2020/5/20	2013/9/2	79		直线法
	在用	300000	5.00%	15000	30	2020/5/20	2013/9/1	79		直线法
	在用	500000	5.00%	25000	10	2020/5/20	2013/7/12	81		直线法
	在用	60000	3.00%	1800	3	2020/5/20	2018/1/16	27		直线法
出售	在用	60000	3.00%	1800	3	2020/5/20	2017/12/10	28		直线法
	报废	50000	3.00%	1500	3	2020/5/20	2018/10/1	18		直线法
	在用	350000	4.00%	14000	10	2020/5/20	2015/7/5	57		直线法
	在用	110000	5.00%	5500	10	2020/5/20	2015/10/11	54		双倍余额递减法
	在用	70000	5.00%	3500	10	2020/5/20	2015/1/5	28		年数总和法
	在用	3200	3.00%	96	3	2020/5/16	直线法	-1		直线法

图 7-29

（5）选中 O3 单元格，设置用直线法计提折旧的函数公式"=SLN（H3，J3，K3*12）"，按回车键后，出现本月折旧额数据。选中 O3 单元格，复制公式到 O4：O16 和 O19。

（6）选中 O17 单元格，输入用双倍余额递减法计提折旧的函数公式"=DDB（H17，J17，K17*12，N17+1）"。

（7）选中 O18 单元格，输入用年数总和法计提折旧的函数公式"=SYD（H18，J18，K18*12，N18+1）"。

（8）从图 7-29 看出，第 19 行的计算机为本月新增固定资产，本月不应计提折旧。所以要对计算出的"本月折旧额"进行修正，调整为"0"。也可以增加一列"修正的月折旧额"，通过"IF"函数设置取值。

（9）选中 C 列，在其左侧插入一列，在 C2 单元格输入"折旧科目"，其中企划部、后勤部、财务部为"管理费用"，销售部为"销售费用"，组装部为"制造费用"，"机修部"为"辅助生产成本"。

设置完成的固定资产折旧计算表如图 7-30 所示。

A	B	C	D	E	F	G	H	I	J	K	L	M	N	O	Q
								固定资产折旧计算表							
卡片编号	资产编号	折旧科目	使用部门	资产名称	增加方式	减少方式	使用状况	原值	净残值率	净残值	预计使用年限	当前日期	开始使用日期	已提月份	本月折旧额	折旧方法
G0001	1001	管理费用	企划部	办公楼	在建工程转入		在用	1300000	5.00%	65000	30	2020-5-20	2013-7-10	81	¥3,430.56	直线法
G0002	1002	制造费用	组装部	厂房	在建工程转入		在用	1100000	5.00%	55000	30	2020-5-20	2013-7-15	81	¥2,902.78	直线法
G0003	1003	辅助生产成本	机修部	厂房	在建工程转入		在用	600000	5.00%	30000	30	2020-5-20	2013-7-1	81	¥1,583.33	直线法
G0004	1004	制造费用	组装部	车床	直接购入		在用	500000	5.00%	25000	10	2020-5-20	2013-9-18	79	¥3,958.33	直线法
G0005	1005	制造费用	组装部	铣床	直接购入		在用	250000	5.00%	12500	10	2020-5-20	2013-9-7	79	¥1,979.17	直线法
G0006	1006	制造费用	组装部	钳工平台	直接购入		在用	100000	5.00%	5000	10	2020-5-20	2013-9-1	79	¥791.67	直线法
G0007	1007	制造费用	组装部	专用量具	直接购入		在用	80000	5.00%	4000	10	2020-5-20	2013-9-5	79	¥633.33	直线法
G0008	1008	制造费用	组装部	磨床	直接购入		在用	150000	5.00%	7500	10	2020-5-20	2013-9-2	79	¥1,187.50	直线法
G0009	1009	管理费用	后勤部	原料库	在建工程转入		在用	300000	5.00%	15000	30	2020-5-20	2013-9-1	79	¥791.67	直线法
G0010	1010	管理费用	后勤部	成品库	在建工程转入		在用	500000	5.00%	25000	30	2020-5-20	2013-7-12	81	¥1,319.44	直线法
G0011	1011	管理费用	企划部	复印机	直接购入		在用	60000	3.00%	1800	3	2020-5-20	2018-1-16	27	¥1,616.67	直线法
G0012	1012	管理费用	财务部	计算机	直接购入	出售	在用	60000	3.00%	1800	3	2020-5-20	2017-12-10	28	¥1,616.67	直线法
G0013	1013	销售费用	销售部	计算机	直接购入	出售	报废	50000	3.00%	1500	3	2020-5-20	2018-10-1	18	¥1,347.22	直线法
G0014	1014	管理费用	企划部	汽车	直接购入		在用	350000	4.00%	14000	10	2020-5-20	2015-7-5	57	¥2,800.00	直线法
G0015	3001	制造费用	组装部	吊车	直接购入		在用	110000	5.00%	5500	10	2020-5-20	2015-10-11	54	¥739.75	双倍余额递减法
G0016	4001	制造费用	组装部	创床	直接购入		在用	70000	5.00%	3500	10	2020-5-20	2015-1-5	28	¥842.70	年数总和法
G0017	1015	管理费用	财务部	计算机	直接购入		在用	3200	3.00%	96	3	2020-5-16	直线法	-1	¥0.00	直线法

图 7-30

二、制作固定资产折旧费用分配表

制作按使用部门、折旧科目汇总的固定资产折旧费用分配表，方便财务人员月末计提折旧。

操作步骤如下：

（1）单击"固定资产折旧计算表"中任一单元格，单击菜单栏中的"插入"，选择"表"分组中的数据透视表，在下拉菜单中选择"数据透视表"，弹出"创建数据透视表"对话框，在"选择一个表或区域"中，选择 A2：Q19 区域，在"选择放置数据透视表的位置"中，选择"新工作表"，参数如图 7-31 所示。

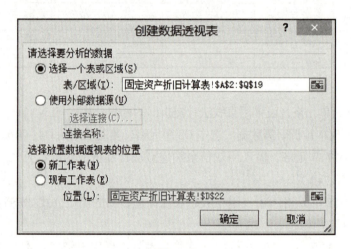

图 7-31

（2）单击"确定"按钮，弹出"数据透视表字段列表"对话框，在"选择要添加到报表的字段"中选择要添加的报表字段。分别将"折旧科目""使用部门"字段拖拽到"行标签"选项中，将"本月折旧额"拖拽到"Σ数值"中，将折旧额数据设置为保留 2 位小数。

（3）选中 A1 单元格，输入"固定资产折旧费用分配表"，设置字体为"12""加粗"；选中 A2 单元格，输入"2020 年 5 月 31 日"，选择 A1：B1、A2：B2 区域，合并单元格；选择 A3：B14 区域，设置边中框为"所有框线"。

（4）将设置完成的工作表重命名为"固定资产折旧费用分配表"，如图 7-32 所示。

图 7-32

本章小结

本模块介绍了 Excel 在固定资产管理中的应用,详细介绍了制作固定资产卡片样式和制作固定资产清单的步骤和方法,以及利用固定资产清单制作固定资产折旧计算表、利用固定资产折旧计算表生成固定资产折旧费用分配表的方法,要求学生从中学习掌握 Excel 数据有效性定义、有关折旧函数的应用及使用数据透视表生成固定资产折旧费用分配表的操作方法。

实训

1. 实训目的
练习固定资产卡片和固定资产清单的制作;
练习利用折旧函数计算固定资产折旧的方法;
练习使用数据透视表生成固定资产折旧费用分配表的方法。

2. 实训资料
大华公司截至 2020 年 5 月的固定资产资料如表 7-3 所示。

表 7-3　固定资产资料

使用部门	资产编号	固定资产名称	增加方式	使用状况	使用年限	开始使用日期	折旧方法	固定资产原值（元）
管理部门	1001	办公楼	在建工程转入	在用	30	2015/7/10	直线法	8 500 000
生产车间	1002	厂房	在建工程转入	在用	30	2015/7/15	直线法	7 800 000
后勤处	1003	职工宿舍	在建工程转入	在用	30	2016/7/1	直线法	880 000
后勤处	1004	食堂	在建工程转入	在用	30	2016/9/18	直线法	565 000
管理部门	1005	客车	直接购入	在用	8	2015/9/7	直线法	180 000
管理部门	1006	轿车	直接购入	在用	5	2015/9/1	直线法	250 000
财务部门	1007	计算机	直接购入	在用	5	2015/9/5	直线法	5 000
管理部门	1008	计算机	直接购入	在用	5	2015/9/2	直线法	4 500
销售部门	1009	计算机	直接购入	在用	5	2018/9/1	直线法	4 000
后勤处	1010	仓库	在建工程转入	在用	20	2015/7/12	直线法	500 000
生产车间	2001	机床	直接购入	在用	10	2015/10/16	双倍余额递减法	120 000
生产车间	3001	磨床	直接购入	在用	10	2017/12/10	年数总和法	100 000

目前大华公司的固定资产分为四类：厂房建筑物、生产设备、办公设备、交通运输工具，四类固定资产的残值率分别为 5%、5%、3%、4%。

3. 实训要求

（1）设计固定资产卡片样式，录入固定资产卡片的初始数据。

（2）制作固定资产清单。

（3）编制固定资产折旧计算表。

（4）制作固定资产折旧费用分配表。

模块八

Excel 在财务分析中的应用

> **知识目标**
> - 了解运用 Excel 进行财务分析的程序和主要方法。
> - 掌握财务分析的主要数据来源和几种基本指标。
>
> **能力目标**
> - 能运用 Excel 制作满足实际需要的财务分析表。
> - 能够熟练运用 Excel 建立财务比率分析模型。
> - 能够熟练运用 Excel 图表功能进行财务数据变化趋势分析。
>
> **素质目标**
> - 培养学生的思维分析能力,让学生具备根据企业实际合理选择财务分析方法、确定财务比率指标的职业素养。
> - 培养学生勇于探索、敢于创新的精神。

任务一　分析背景材料

一、背景资料

辽宁山海公司 2020 年 9 月的财务报表已经编制完成。2020 年 9 月 30 日的资产负债表如表 8-1 所示。

表 8-1　资产负债表

编制单位：辽宁山海公司　　　　　2020 年 9 月 30 日　　　　　会企 01 表　单位：元

资产	期末余额	上年年末余额	负债和所有者权益	期末余额	上年年末余额
流动资产：			流动负债：		
货币资金	2 980 550	3 178 000	短期借款	200 000	300 000
交易性金融资产		26 000	交易性金融负债		
衍生金融资产			衍生金融负债		
应收票据	226 000	226 000	应付票据	200 000	280 000
应收账款	657 000	407 500	应付账款	101 700	101 700
应收款项融资			预收款项		
预付款项	110 000	110 000	合同负债		
其他应收款	4 000	4 000	应付职工薪酬	260 000	260 000
存货	2 555 500	2 584 000	应交税费	200 610	130 000
合同资产			其他应付款	58 600	58 000
持有待售资产			持有待售负债		
一年内到期的非流动资产			一年内到期的非流动负债		
其他流动资产			其他流动负债		
流动资产合计	6 533 050	6 535 500	流动负债合计	1 020 910	1 129 700
非流动资产：			非流动负债：		
债权投资			长期借款	2 010 000	2 000 000

续表

资产	期末余额	上年年末余额	负债和所有者权益	期末余额	上年年末余额
其他债权投资			应付债券		
长期应收款			其中：优先股		
长期股权投资	300 000	300 000	永续债		
其他权益工具投资			租赁负债		
其他非流动金融资产			长期应付款		
投资性房地产			预计负债		
固定资产	3 151 100	1 600 000	递延收益		
在建工程	220 000	1 600 000	递延所得税负债		
生产性生物资产			其他非流动负债		
油气资产			非流动负债合计	2 010 000	2 000 000
使用权资产			负债合计	3 030 910	3 129 700
无形资产	713 333	720 000	所有者权益：		
开发支出			实收资本	6 600 000	6 600 000
商誉			其他权益工具		
长期待摊费用	200 000	200 000	其中：优先股		
递延所得税资产			永续债		
其他非流动资产			资本公积	500 000	500 000
非流动资产合计	4 584 433	4 420 000	减：库存股		
			其他综合收益		
			专项储备		
			盈余公积	250 000	250 000
			未分配利润	736 574	475 800
			所有者权益合计	8 086 574	7 825 800
资产总计	11 117 483	10 955 500	负债和所有者权益总计	11 117 483	10 955 500

2020 年 9 月的利润表数据如表 8-2 所示。

表 8-2 利润表

编制单位：辽宁山海公司　　　　　　　2020 年 9 月　　　　　　　　　会企 02 表
　　　　　　　　　　　　　　　　　　　　　　　　　　　　　　　　　单位：元

项目	本期金额	上期金额
一、营业收入	1 200 000	
减：营业成本	720 000	
税金及附加	10 335	
销售费用	40 000	
管理费用	53 667	
研发费用		
财务费用	11 200	
其中：利息费用	11 200	
利息收入		
加：其他收益		
投资收益（损失以"-"号填列）	4 000	
其中：对联营企业和合营企业的投资收益		
以摊余成本计量的金融资产终止确认收益（损失以"-"号填列）		
净敞口套期收益（损失以"-"号填列）		
公允价值变动收益（损失以"-"号填列）		
信用减值损失（损失以"-"号填列）	-2 500	
资产减值损失（损失以"-"号填列）		
资产处置收益（损失以"-"号填列）		
二、营业利润（亏损以"-"号填列）	366 298	
加：营业外收入		
减：营业外支出	18 600	
三、利润总额（亏损总额以"-"号填列）	347 698	
减：所得税费用	86 925	
四、净利润（净亏损以"-"号填列）	260 774	
（一）持续经营净利润（净亏损以"-"号填列）		
（二）终止经营净利润（净亏损以"-"号填列）		

续表

项目	本期金额	上期金额
五、其他综合收益的税后净额		
（一）不能重分类进损益的其他综合收益		
1. 重新计量设定受益计划变动额		
2. 权益法下不能转损益的其他综合收益		
3. 其他权益工具投资公允价值变动		
4. 企业自身信用风险公允价值变动		
……		
（二）将重分类进损益的其他综合收益		
1. 权益法下可转损益的其他综合收益		
2. 其他债权投资公允价值变动		
3. 金融资产重分类计入其他综合收益的金额		
4. 其他债权投资信用减值准备		
5. 现金流量套期		
6. 外币财务报表折算差额		
……		
六、综合收益总额	260 774	
七、每股收益		
（一）基本每股收益		
（二）稀释每股收益		

山海公司近五年的主营业务收入情况如表 8-3 所示。

表 8-3　近五年的主营业务收入情况

年份	2015	2016	2017	2018	2019
主营业务收入（万元）	650	760	880	865	980

二、分析

财务分析主要是以财务报表等会计数据为依据，去揭示企业过去和现在的经营成果、财务状况及其变动情况。财务报表中涉及的数据不仅种类繁多，而且关系到不同时期的数据。借助 Excel 的功能和作用，可以帮助公司财务人员快速准确地完成财务分析工作。

由于财务分析的内容非常广泛，不同的使用者出于不同的目的，会使用不同的财务分析方法，山海公司主要想使用以下方法进行财务分析：

1. 比较分析

公司想通过比较分析，了解公司财务状况和经营成果的变动情况，以进一步确定变动的主要原因，进而发现问题和不足。

2. 比率分析

公司要建立结构比率分析表，了解各项资产、负债的构成情况，并通过建立财务比率分析表，揭示公司的财务状况和经营成果，了解公司的偿债能力、盈利能力、营运能力和发展能力等，以便企业做好相应的调整。

3. 趋势分析

公司想对近几个会计期间重要的财务数据和财务指标进行趋势分析，来判断企业财务状况、经营成果的变化趋势，以发现单一的比率分析无法发现的公司问题。

任务二 比较分析

比较分析是把两个相互联系的指标数据进行比较，从数量上展示和说明研究对象的规模大小、水平高低、速度快慢，以及各种关系是否协调。比较的方式可以采用绝对数比较，也可以采用相对数比较；比较的标准可以是时间标准、空间标准、计划标准、行业标准等。

山海公司要了解各项资产、负债、所有者权益在不同时点的增减情况和增减幅度，以及不同时期收入、费用的增减变动情况，从而分析和判断企业的经营及财务状况。

一、设计比较资产负债表样式

具体操作步骤如下：

（1）新建"财务分析"工作簿，将 Sheet1 重命名为"资产负债表"，将 Sheet2 重命名为"利润表"。

（2）打开"202009 总账"工作簿，打开"资产负债表"工作表，选择 B1：G45 单元格区域，单击鼠标右键打开快捷菜单，选择"复制"命令，再打开"财务分析"工作簿中的"资产负债表"工作表，选择 A1 单元格，单击鼠标右键打开快捷菜单，选择"选择性粘贴"命令，在打开的对话框中选择"值和数字格式"单选项，单击"确定"按钮，如图 8-1 所示。

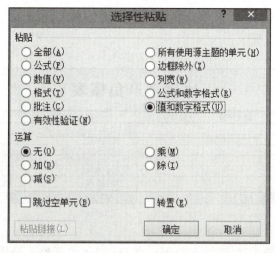

图 8-1

（3）选择 A1 单元格，单击鼠标右键打开快捷菜单，选择"选择性粘贴"命令，在打开的对话框中选择"格式"单选项，调整列宽，调整后的结果如图 8-2 所示。

	A	B	C	D	E	F
1			资产负债表			
2						会企01表
3	编制单位：辽宁山海公司		2020年9月30日			单位：元
4	资产	期末余额	上年年末余额	负债和所有者权益	期末余额	上年年末余额
5	流动资产：			流动负债：		
6	货币资金	2 980 550	3 178 000	短期借款	200 000	300 000
7	交易性金融资产		26 000	交易性金融负债		
8	衍生金融资产			衍生金融负债		
9	应收票据	226 000	226 000	应付票据	200 000	280 000
10	应收账款	657 000	407 500	应付账款	101 700	101 700
11	应收款项融资			预收款项		

图 8-2

（4）采用同样的方法将"202009 总账"工作簿中的"利润表"复制到"财务分析"工作簿中的"利润表"中。并进行行高列宽的调整，调整完的格式如图 8-3 所示。

	A	B	C
1		利润表	
2			会企02表
3	编制单位：辽宁山海公司	2020 年 9 月	单位：元
4	项目	本期金额	上期金额
5	一、营业收入	1 200 000	
6	减：营业成本	720 000	
7	税金及附加	10 335	
8	销售费用	40 000	
9	管理费用	53 667	
10	研发费用		
11	财务费用	11 200	

图 8-3

（5）将"财务分析"工作簿中的"资产负债表"复制到本工作簿"利润表"后，重命名为"比较资产负债表"。将表头名称"资产负债表"修改为"比较资产负债表"，删除第二行。如图8-4所示。

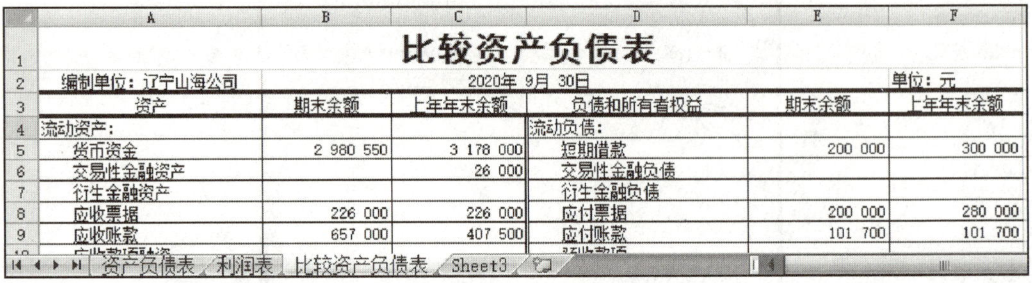

图8-4

（6）选中D列，在其左侧插入两列，在D4、E4单元格，分别输入"增长额"和"增长率"；同样，在I4、J4单元格也分别输入"增长额"和"增长率"。

（7）将两列"增长率"的单元格格式设置为"百分比"，保留两位小数。

（8）将A1：J1单元格合并，调整新增四列的列宽，并设置"比较资产负债表"的边框。设置完的"比较资产负债表"格式如图8-5所示。

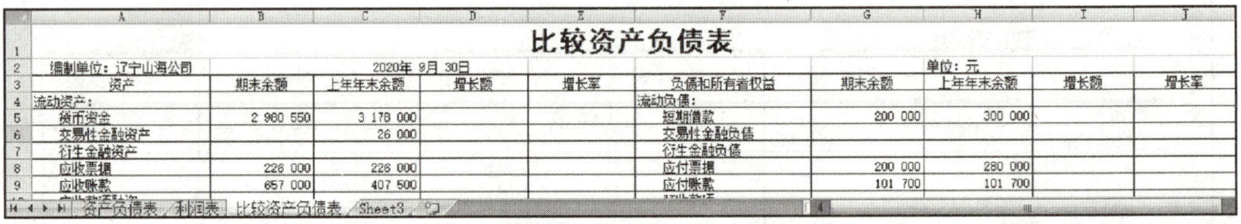

图8-5

仿照比较资产负债表的设计方式设计比较利润表，本书不再详述。

二、进行数据比较分析

（1）编辑"增加额"各单元格公式。

在D5单元格中输入公式"=B5–C5"，按回车键，即可计算出增长额，将D5单元格的公式复制到D列和I列其他有数据的单元格中。

（2）编辑"增长率"各单元格公式。

选中E5单元格，单击编辑栏的插入函数"fx"，选择常用函数"IF"，设置函数公式如图8-6所示。

（3）单击"确定"按钮，即可计算出增长率，将E5单元格的公式复制到E列和J列其他有数据的单元格中，计算出的结果如图8-7所示。

会计报表的比较，通常包括资产负债表、利润表等的比较，利润表项目的比较可以参照资产负债表的设置方式，比较各项目同期指标的变化情况。在进行会计报表相关比较时，既要计算有关指标增减变动的绝对值，也要计算其增减变动的相对值，这样可以避免分析结果的片面性。

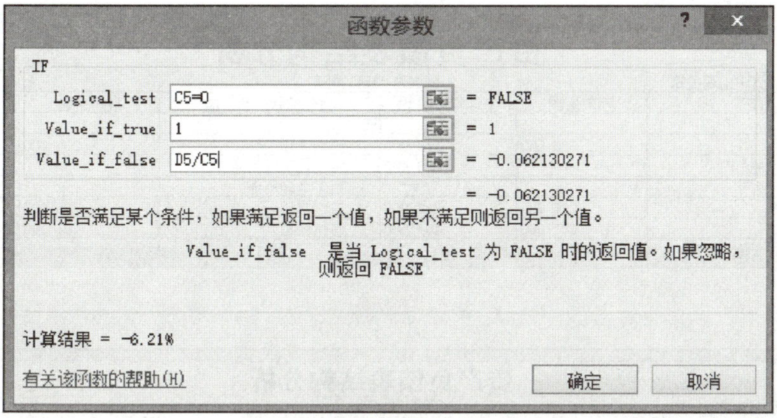

图 8-6

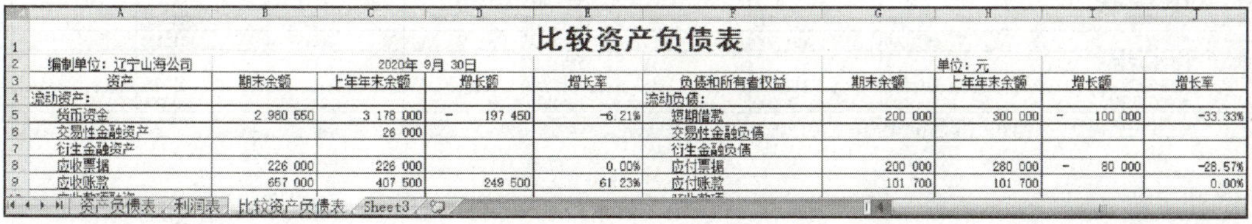

图 8-7

任务三 比率分析

比率分析是利用财务报表中两项相关数值的比率揭示企业财务状况和经营成果的一种分析方法。可以通过结构比率分析和财务比率分析，发现经营中存在的问题，并由此评价企业的财务状况。

一、制作结构比率分析表

结构比率分析是反映某一项目内各组成部分的比例关系，通过项目各组成部分的比重，分析其在企业经营中的重要性，了解企业的资产结构和负债结构状况。

操作步骤如下：

（1）复制"财务分析"工作簿中的"比较资产负债表"，建立该工作表副本，并重命名为"结构比率分析表"。将"增长额"和"增长率"四列数据删除，将"比较资产负债表"表头修改为"资产负债表结构分析"。如图 8-8 所示。

（2）选中 D 列，在其左侧插入一列，在 D3 单元格输入"资产结构比"，在 H3 单元格输入"负债结构比"，将新增的两列单元格格式设置为"百分比"，保留两位小数。

（3）将 A1：H1 合并单元格，调整好格式，并设置表格框线。如图 8-9 所示。

	A	B	C	D	E	F
1	资产负债表结构分析					
2	编制单位：辽宁山海公司		2020年 9月 30日			单位：元
3	资产	期末余额	上年年末余额	负债和所有者权益	期末余额	上年年末余额
4	流动资产：			流动负债：		
5	货币资金	2 980 550	3 178 000	短期借款	200 000	300 000
6	交易性金融资产		26 000	交易性金融负债		
7	衍生金融资产			衍生金融负债		
8	应收票据	226 000	226 000	应付票据	200 000	280 000
9	应收账款	657 000	407 500	应付账款	101 700	101 700

图 8-8

	A	B	C	D	E	F	G	H
1	资产负债表结构分析						
2	编制单位：辽宁山海公司		2020年 9月 30日				单位：元	
3	资产	期末余额	上年年末余额	资产结构比	负债和所有者权益	期末余额	上年年末余额	负债结构比
4	流动资产：				流动负债：			
5	货币资金	2 980 550	3 178 000		短期借款	200 000	300 000	
6	交易性金融资产		26 000		交易性金融负债			
7	衍生金融资产				衍生金融负债			
8	应收票据	226 000	226 000		应付票据	200 000	280 000	
9	应收账款	657 000	407 500		应付账款	101 700	101 700	
10	应收款项融资				预收款项			
11	预付款项	110 000	110 000		合同负债			
12	其他应收款	4 000	4 000		应付职工薪酬	260 000	260 000	

图 8-9

（4）选中 D5 单元格，单击编辑栏的插入函数 "fx"，选择常用函数 "IF"，设置函数公式如图 8-10 所示。

函数参数对话框：
IF
Logical_test: B5=0 = FALSE
Value_if_true: "-" = "-"
Value_if_false: B5/$B$44 = 0.268095755
= 0.268095755
判断是否满足某个条件，如果满足返回一个值，如果不满足则返回另一个值。
Value_if_false 是当 Logical_test 为 FALSE 时的返回值。如果忽略，则返回 FALSE

计算结果 = 0.268095755

图 8-10

（5）单击"确定"按钮，即可计算货币资金在资产中的百分比，将 D5 单元格的公式复制到 D 列其他有数据的单元格中。

（6）选中 H5 单元格，仿照 D5 单元格的设置方式设置函数公式。并将该单元格的公式复制到 H 列其他有数据的单元格中。

设置完成的资产负债表结构分析如图 8-11 所示。

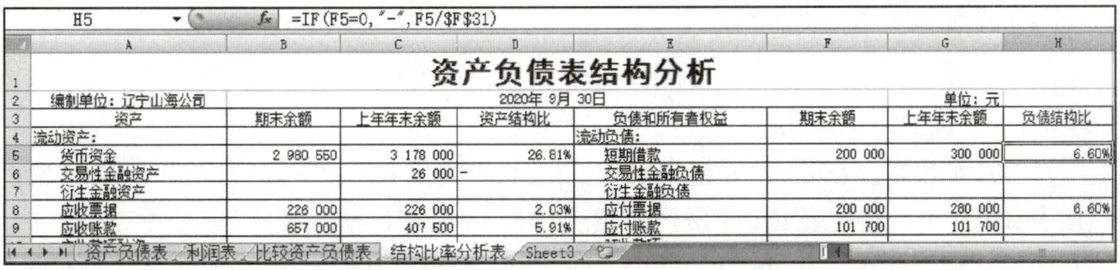

图 8-11

企业可以根据实际需要，进行流动资产各项目的结构比率分析，了解流动资产内各项目所占比重情况；进行利润表的结构比率分析，了解各项成本、费用占营业收入的比重。

二、制作财务比率分析表

利用 Excel 进行各种相关财务指标比率分析，就是根据已有财务报表的原始数据（主要是资产负债表和利润表），从中读取数据，设计相应的公式，建成财务指标比率分析的基本模型，加快数据处理能力，使管理者能够准确、简单、快捷地把握企业的偿债能力、盈利能力、营运能力和发展能力等。

操作步骤如下：

（1）将"财务分析"工作簿中的 Sheet3 工作表重命名为"财务比率分析模型表"。

（2）按照图 8-12 所示，输入内容，并设置财务比率分析表（此表题名与工作表名不一样）的格式。将资产负债率、总资产报酬率和营业利润率指标设置为"百分比"、保留两位小数，其他比率设置为"数值"。

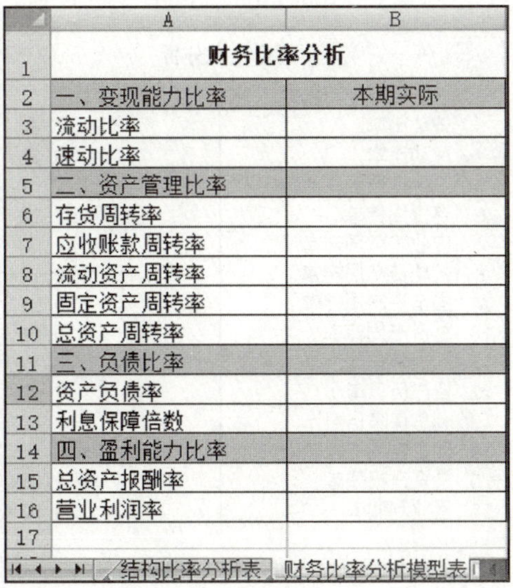

图 8-12

（3）设置各比率公式。

计算流动比率。在"财务比率分析模型表"的 B3 单元格中，输入"= 资产负债表 !B19/ 资产负债表 !E19"。

计算速动比率。在 B4 单元格中输入"=（资产负债表 !B19– 资产负债表 !B14– 资产负债表 !B12– 资产负债表 !B17– 资产负债表 !B18）/ 资产负债表 !F19"。

计算存货周转率。在 B6 单元格中，输入"= 利润表 !B6/（（资产负债表 !C14+ 资产负债表 !B14）/2）"。

计算应收账款周转率。在 B7 单元格中，输入"= 利润表 !B5/（（资产负债表 !C10+ 资产负债表 !C9+ 资产负债表 !B10+ 资产负债表 !B9）/2）"。

计算流动资产周转率。在 B8 单元格中，输入"= 利润表 !B5/（（资产负债表 !C19+ 资产负债表 !D19）/2）"。

计算固定资产周转率。在 B9 单元格中，输入"= 利润表 !B5/（（资产负债表 !C28+ 资产负债表 !D28）/2）"。

计算总资产周转率。在 B10 单元格中，输入"= 利润表 !B5/（（资产负债表 !C45+ 资产负债表 !B45）/2）"。

计算资产负债率。在 B12 单元格中，输入"= 资产负债表 !E32/ 资产负债表 !B45"。

计算利息保障倍数。在 B13 单元格中，输入"=（利润表 !B26+ 利润表 !B11）/ 利润表 !B11"。

计算总资产报酬率。在 B15 单元格中，输入"= 利润表 !B28/（（资产负债表 !C45+ 资产负债表 !B45）/2）"。

计算营业利润率。在 B16 单元格中，输入"= 利润表 !B23/ 利润表 !B5"。

以上指标设置完成后，财务比率分析模型表建成，如图 8–13 所示。

	A	B
1		财务比率分析
2	一、变现能力比率	本期实际
3	流动比率	6.40
4	速动比率	3.79
5	二、资产管理比率	
6	存货周转率	0.28
7	应收账款周转率	1.58
8	流动资产周转率	0.18
9	固定资产周转率	0.51
10	总资产周转率	0.11
11	三、负债比率	
12	资产负债率	27.26%
13	利息保障倍数	32.04
14	四、盈利能力比率	
15	总资产报酬率	2.36%
16	营业利润率	30.52%
17		

图 8–13

财务比率分析模型表更适合企业管理的实际需要，因为企业可根据经营管理的需求自行调整、定义模型中的指标。建立的财务比率分析模型不仅适用于建立时的会计期间，而且适用于以后各会计期间。如果想进行不同时期、不同企业财务比率的纵向和横向比较分析，可以将要比较的财务比率数据插入，按照任务一比较分析的设置方式完成差异分析。此外，“财务比率分析模型表”中的数值，会随着企业会计报表中数据的变化自动更新，从而使得财务比率分析数据具有及时性、高效性、直观性。

任务四 趋势分析

趋势分析是将企业两期或连续数期的财务会计报表中的相同指标进行比较，以确定其增减变动的方向、数额或幅度，从而揭示企业财务状况和经营成果增减变动的趋势，通常是运用 Excel 的图表功能直观地反映出企业在不同时期财务数据的变化趋势。

一、建立折线趋势分析图

操作步骤如下：

（1）录入数据并设置格式。

打开“财务分析”工作簿，插入一张新工作表，重命名为“财务趋势分析”，在该表中将表 8-3 的信息录入，并设置合并居中、对齐和边框等格式。如图 8-14 所示。

1. 建立折线趋势分析图

	A	B	C	D	E	F
1	财务趋势分析					
2	年份	2015	2016	2017	2018	2019
3	主营业务收入（万元）	650	760	880	865	980
4						

财务比率分析模型表 / 财务趋势分析

图 8-14

（2）插入趋势分析图。

选中 A3：F3 单元格，单击工作表的“插入”菜单，选择“图表”分组下“折线图”中“带数据标志的折线图”，即生产折线图，如图 8-15 所示。

（3）修改趋势分析图。

选中生成的折线图，单击菜单栏中的“设计”选项卡，在“数据”分组里单击“选择数据”，出现“选择数据源”对话框，如图 8-16 所示。单击“水平（分类）轴标签”里的“编辑”，弹出“轴标签”对话框，如图 8-17 所示，选择图表中横坐标需要出现的单元格区域 B2：F2（即年份做水平轴标签）后，单击“确定”按钮，之后关闭“轴

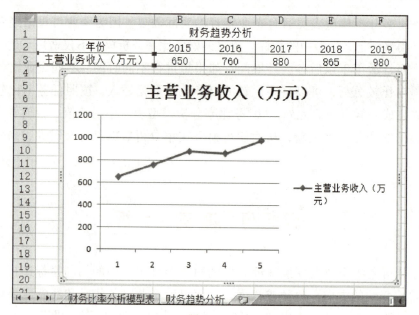

图 8-15

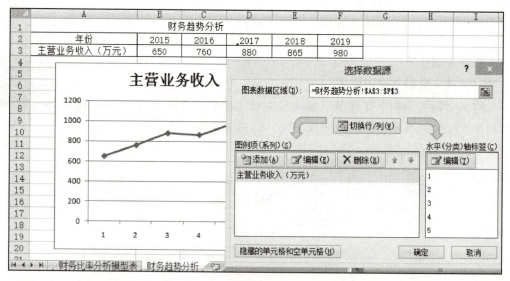

图 8-16

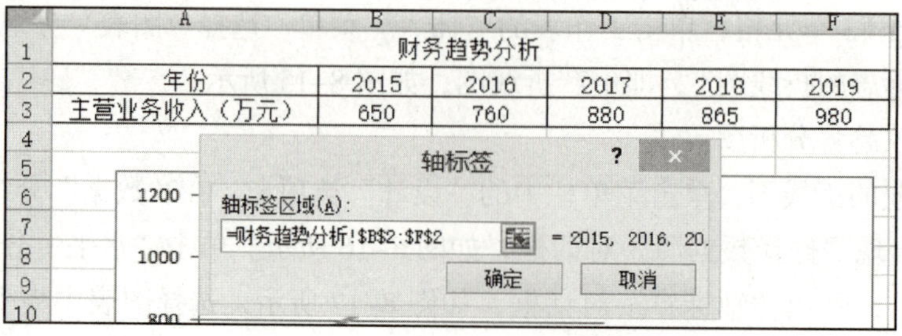

图 8-17

标签"对话框(如果 B2：F2 单元格设置为文本格式后录入年份,此步骤可以不用设置,因文本格式的年份会自动出现在横坐标中),再次单击"确定"按钮,之后关闭"选择数据源"对话框,此时效果如图 8-18 所示。

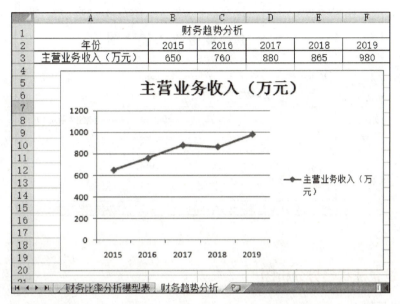

图 8-18

(4)修改标题。

选中折线图标题区,将标题修改成"主营业务收入趋势图"。

选中生成的折线图,选择"布局"菜单栏下"标签"分组下的"坐标轴标题"按钮,选择"主要横坐标轴标题"中的"坐标轴下方标题",如图 8-19 所示,将其改成"年份"。

图 8-19

最终效果如图 8-20 所示。

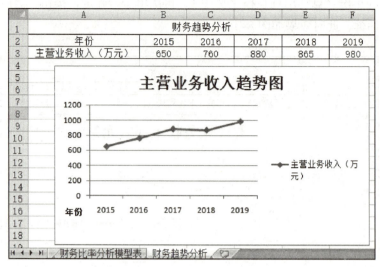

图 8-20

二、建立柱状趋势分析图

操作步骤如下：

（1）新建工作表，重命名为"财务趋势分析 1"，将"财务趋势分析"表中的主营业务收入数据复制到新建的工作表中。

（2）插入趋势分析图。

选中 A3：F3 单元格，单击工作表"插入"菜单，选择"图表"分组下的"柱状图"中"簇状柱形图"，即生成柱状图，如图 8-21 所示。

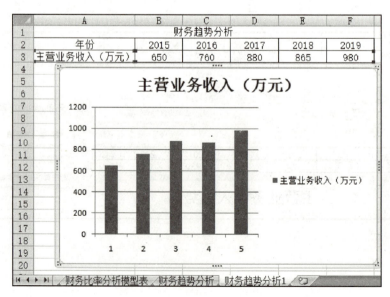

图 8-21

（3）修改趋势图相关设置。

按照修改趋势分析图（折线图）的方法，修改趋势柱状图的轴标签，并将标题修改成"主营业务收入趋势图"，将坐标轴标题修改为年份，最后生成的趋势柱状图如图8-22所示。

图8-22

企业如果需要分析多期数据的变动趋势，就可以选用折线图、条形图或者柱状图来表示，直观清楚。如果需要分析数据结构，可以选用饼图来表示。

本章小结

本章主要介绍了如何运用Excel进行财务分析，包括比较分析、比率分析和趋势分析。要求学生能根据企业经营管理的需要恰当选择财务分析方法，能使用Excel建立财务比率分析模型，合理选择图表类型进行财务分析。

实训

1. 实训目的

学会使用Excel建立财务比率分析表、建立折线趋势分析图和柱状趋势分析图进行财务分析。

2. 实训资料

（1）乙公司的资产负债表和利润表如图 8-23 和图 8-24 所示。

（2）乙公司近五年管理费用数据如图 8-25 所示。

	A	B	C	D	E	F
1			资产负债表			
2						会企01表
3	编制单位：乙公司		2020年10月30日			单位：元
4	资产	期末余额	上年年末余额	负债和所有者权益	期末余额	上年年末余额
5	流动资产：			流动负债：		
6	货币资金	2,793,000.00	2,514,834.00	短期借款	240,000.00	90,000.00
7	交易性金融资产	25,000.00	0.00	交易性金融负债		
8	衍生金融资产			衍生金融负债		
9	应收票据	246,000.00	246,000.00	应付票据	300,000.00	200,000.00
10	应收账款	398,800.00	598,200.00	应付账款	916,850.00	916,850.00
11	应收款项融资			预收款项		
12	预付款项	100,000.00	100,000.00	合同负债		
13	其他应收款	4,000.00	4,000.00	应付职工薪酬	110,000.00	152,000.00
14	存货	2,593,050.00	2,657,750.00	应交税费	30,000.00	128,984.00
15	合同资产			其他应付款	57,600.00	69,100.00
16	持有待售资产			持有待售负债		
17	一年内到期的非流动资产			一年内到期的非流动负债		
18	其他流动资产			其他流动负债		
19	流动资产合计	6,159,850.00	6,120,784.00	流动负债合计	1,654,450.00	1,556,934.00
20	非流动资产：			非流动负债：		
21	债权投资			长期借款	1,600,000.00	1,610,000.00
22	其他债权投资			应付债券		
23	长期应收款			其中：优先股		
24	长期股权投资	250,000.00	250,000.00	永续债		
25	其他权益工具投资			租赁负债		
26	其他非流动金融资产			长期应付款		
27	投资性房地产			预计负债		
28	固定资产	1,600,000.00	2,981,000.00	递延收益		
29	在建工程	1,500,000.00	300,000.00	递延所得税负债		
30	生产性生物资产			其他非流动负债		
31	油气资产			非流动负债合计	1,600,000.00	1,610,000.00
32	使用权资产			负债合计	3,254,450.00	3,166,934.00
33	无形资产	600,000.00	590,000.00	所有者权益：		
34	开发支出			实收资本	6,000,000.00	6,000,000.00
35	商誉			其他权益工具		
36	长期待摊费用	200,000.00	200,000.00	其中：优先股		
37	递延所得税资产			永续债		
38	其他非流动资产			资本公积	593,000.00	593,000.00
39	非流动资产合计	4,150,000.00	4,321,000.00	减：库存股		
40				其他综合收益		
41				专项储备		
42				盈余公积	250,000.00	250,000.00
43				未分配利润	212,400.00	431,850.00
44				所有者权益合计	7,055,400.00	7,274,850.00
45	资产总计	10,309,850.00	10,441,784.00	负债和所有者权益总计	10,309,850.00	10,441,784.00
46						

图 8-23

	A	B	C	D
1			利润表	
2				会企02表
3		编制单位：乙公司	2020年10月	单位：元
4		项目	本期金额	上期金额
5		一、营业收入	1000000	
6		减：营业成本	600000	
7		税金及附加	2000	
8		销售费用	20000	
9		管理费用	47700	
10		研发费用		
11		财务费用	24000	
12		其中：利息费用	24000	
13		利息收入		
14		加：其他收益		
15		投资收益（损失以"-"号填列）	5000	
16		其中：对联营企业和合营企业的投资收益		
17		以摊余成本计量的金融资产终止确认收益（损失以"-"号填列）		
18		净敞口套期收益（损失以"-"号填列）		
19		公允价值变动收益（损失以"-"号填列）		
20		信用减值损失（损失以"-"号填列）		
21		资产减值损失（损失以"-"号填列）		
22		资产处置收益（损失以"-"号填列）		
23		二、营业利润（亏损以"-"号填列）	311,300.00	
24		加：营业外收入		
25		减：营业外支出	18,700.00	
26		三、利润总额（亏损总额以"-"号填列）	292,600.00	
27		减：所得税费用	73,150.00	
28		四、净利润（净亏损以"-"号填列）	219,450.00	
29		（一）持续经营净利润（净亏损以"-"号填列）		
30		（二）终止经营净利润（净亏损以"-"号填列）		
31		五、其他综合收益的税后净额		
32		（一）不能重分类进损益的其他综合收益		
33		1．重新计量设定受益计划变动额		
34		2．权益法下不能转损益的其他综合收益		
35		3．其他权益工具投资公允价值变动		
36		4．企业自身信用风险公允价值变动		
37		……		
38		（二）将重分类进损益的其他综合收益		
39		1．权益法下可转损益的其他综合收益		
40		2．其他债权投资公允价值变动		
41		3．金融资产重分类计入其他综合收益的金额		
42		4．其他债权投资信用减值准备		
43		5．现金流量套期		
44		6．外币财务报表折算差额		
45		……		
46		六、综合收益总额		
47		七、每股收益		
48		（一）基本每股收益		
49		（二）稀释每股收益		

图 8–24

	A	B	C	D	E	F	G
1			近五年管理费用				
2		年份	2015	2016	2017	2018	2019
3		管理费用（万元）	95	106	118	140	120

图 8–25

3. 实训要求

（1）制作乙公司资产和负债结构分析表。

（2）建立乙公司主要财务比率分析模型表，并生成乙公司 2020 年 10 月的财务比率分析表。

（3）分别建立乙公司近五年管理费用折线趋势分析图和柱状趋势分析图。

参考文献

［1］赵宏强.Excel在财务会计中的应用［M］.北京：高等教育出版社，2018.

［2］石熠，王娜.Excel在财务中的应用［M］.北京：中国人民大学出版社，2018.

［3］崔杰.Excel 2013在会计中的应用［M］.北京：人民邮电出版社，2016.

［4］ExcelHome.Excel在会计中的应用［M］.北京：人民邮电出版社，2018.

［5］常克林，刘瑞华.Excel在统计与财务中的应用［M］.北京：中国人民大学出版社，2016.

［6］喻竹，孙一玲，孔祥威，李洁.Excel在会计中的应用［M］.北京：高等教育出版社，2017.

［7］李洪春.Excel在财务中的应用［M］.北京：中国人民大学出版社，2016.

［8］黄新荣.Excel 2010在会计与财务管理中的应用［M］.北京：人民邮电出版社，2017.

［9］查玉祥，张礼萍.Excel在会计与财务管理中的应用［M］北京：人民邮电出版社，2014.

［10］王叶，等.Excel会计与财务管理应用实战［M］北京：机械工业出版社，2017.

［11］陈其超，朱劼.Excel在会计中的应用（成都航空职业技术学院实训指导书）［M］.北京：北京交通大学出版社.2012.

［12］范晓娟.办公软件应用［M］.北京：北京理工大学出版社，2017.